"金课"建设与大学课程混合式教学模式实践研究

廖吉香 丁宝荣 著

吉林出版集团股份有限公司
全国百佳图书出版单位

图书在版编目（CIP）数据

"金课"建设与大学课程混合式教学模式实践研究 / 廖吉香, 丁宝荣著. -- 长春：吉林出版集团股份有限公司, 2023.5

ISBN 978-7-5731-3566-7

Ⅰ.①金… Ⅱ.①廖… ②丁… Ⅲ.①高等学校—课程—教学研究 Ⅳ.①G642.3

中国国家版本馆CIP数据核字(2023)第104716号

"金课"建设与大学课程混合式教学模式实践研究
"JINKE" JIANSHE YU DAXUE KECHENG HUNHESHI JIAOXUE MOSHI SHIJIAN YANJIU

著　　者	廖吉香　丁宝荣
责任编辑	息　望
封面设计	王　哲
开　　本	710 mm × 1000 mm　1/16
字　　数	200 千字
印　　张	12
版　　次	2024 年 1 月第 1 版
印　　次	2024 年 1 月第 1 次印刷
印　　刷	北京厚诚则铭印刷科技有限公司

出　　版	吉林出版集团股份有限公司
发　　行	吉林出版集团股份有限公司
地　　址	吉林省长春市福祉大路5788号
邮　　编	130000
电　　话	0431-81629968
邮　　箱	11915286@qq.com
书　　号	ISBN 978-7-5731-3566-7
定　　价	72.00元

版权所有　　翻印必究

作者简介

廖吉香，女，汉族，1979年8月出生，籍贯为山东东平。毕业于哈尔滨工程大学动力与能源工程学院轮机专业，博士研究生学历，主要研究方向为二氧化碳动力循环发电系统。现就职于哈尔滨学院，讲师，目前主要从事可再生能源开发利用与节能等方向的应用研究工作、混合式教学模式及产教融合的教育教学工作。

丁宝荣，女，汉族，1985年10月出生，籍贯为黑龙江讷河。毕业于中国地震局工程力学研究所结构工程专业，博士研究生学历，主要研究方向为地震烈度与地震动参数关系。现就职于哈尔滨学院，讲师，重点实验室成员，目前从事地震烈度与地震动参数关系研究、工程结构抗震设计的相关研究与教学工作。参与国家自然科学基金项目1项、省部级青年科学基金项目1项，出版著作1部，发明专利4项，发表EI检索论文1篇、核心论文3篇。

前　言

"金课"建设的实质是推进教学改革，提高高等教育本科教学质量，加快一流本科建设。"金课"建设意见为高等学校培养创新型人才提供了行动指南，是提升高等教育教学质量水平的针对性决策，也是推动教师自我更新和超越的时代契机。"金课"建设要坚持以学生发展为中心的教育教学理念，要尊重学科特性，以实现学科能力与素质为课程目标。

大学是培养人才的关键战场，是实现社会主义现代化建设的基石。未来社会的发展是以知识经济为主的，在知识经济时代，知识和技术已经成为经济发展的决定性要素，这必然会加剧对人才的需求，大学在培养社会发展需要的人才方面的重要性就会更加突出。随着我国进入全面推进社会主义现代化建设的新阶段，以高质量的大学教育迎接新世纪的挑战，培养数以千万计的专门人才，是增强我国综合国力、完成各项奋斗目标的重要保证。因此，采用相应的教学模式，提高教学质量就是大学教育中的关键问题。混合式教学模式形式是线上学习和线下教学方式的混合，随着数字化网络的普及与信息技术的发展，混合式教学模式在国内外受到教育界的广泛欢迎。混合式教学模式不仅符合时代发展的需求，也是中国大学教育改革的趋势所在，有着重要的现实意义。

鉴于此，笔者以"金课"建设与大学课程混合式教学模式实践研究为题，具体探讨"金课"建设与大学课程混合式教学、大学课程混合式教学模式的体系建设、智慧课堂背景下的混合式教学模式革新、基于 BOPPPS 教学模型的混合式教学模式、SPOC 视域下的混合式教学模式设计、多元维度下的混合式教学模式实践六个方面的内容。

本书内容翔实，通俗易懂，理论结构合理，本着务实、求新与开拓的精神，在总结、研究、提炼的基础上，既有"金课"的基本理论知识介绍，又有对现代视角下混合式教学模式的创新探讨，力求从理论和实践结合的角度给予融合，为推动大学课程的发展提供参考和借鉴。

笔者在写作过程中，得到了许多专家学者的帮助和指导，在此表示诚挚的谢意。由于笔者水平有限，加之时间仓促，书中所涉及的内容难免有疏漏之处，希望各位读者多提宝贵意见，以便笔者进一步修改，使之更加完善。

目 录

第一章 "金课"建设与大学课程混合式教学 ………………………… 1
 第一节 "金课"建设的现实意义与基本原则 ………………… 1
 第二节 "金课"建设的主要功能与方法路径 ………………… 5
 第三节 "金课"视域下大学"多模态"课堂 …………………… 8
 第四节 大学课程混合式教学的理论支撑 …………………… 11

第二章 大学课程混合式教学模式的体系建设 ……………………… 15
 第一节 混合式学习与混合教学系统解读 …………………… 15
 第二节 混合式教学模式的特征与要求 ……………………… 84
 第三节 混合式教学模式的服务体系构建 …………………… 87

第三章 智慧课堂背景下的混合式教学模式革新 …………………… 89
 第一节 智慧课堂与智慧学习环境分析 ……………………… 89
 第二节 基于智慧课堂的线上线下混合式教学模式 ………… 95
 第三节 智慧课堂背景下的混合式教学模式革新 …………… 97

第四章 基于BOPPPS教学模型的混合式教学模式 ……………… 103
 第一节 基于学习通+BOPPPS模型的混合式教学设计 …… 103
 第二节 基于BOPPPS的课程思政混合教学模型构建 ……… 106
 第三节 基于BOPPPS模型的混合式教学改革实践 ………… 109
 第四节 基于BOPPPS模型的混合式教学效果研究 ………… 112

第五章　SPOC 视域下的混合式教学模式设计 ·················· 114
第一节　SPOC 的特征、构成与开发分析 ·················· 114
第二节　混合学习对 SPOC 的设计要求 ·················· 120
第三节　面向混合教学的 SPOC 设计模式 ················ 121

第六章　多元维度下的混合式教学模式实践研究 ············ 124
第一节　基于慕课的大学混合式教学模式设计 ············ 124
第二节　远程教育视野下的混合式教学模式 ·············· 166
第三节　线上线下混合的课堂教学模式与评价 ············ 171
第四节　"互联网+"混合式教学模式的应用 ············· 173

结束语 ································· 181

参考文献 ································ 182

第一章 "金课"建设与大学课程混合式教学

"金课"是能培养学生创新思维与实践运用能力的具有高阶性、创新性和挑战度的高质量课程。目前，大学教育选修课多为传统课堂教学，学生学习较为被动，因此，如何将线上教学与线下教学有机结合，开展混合式教学成为课堂教学改革的突破点。基于此，本章主要探讨"金课"建设的现实意义与基本原则、"金课"建设的主要功能与方法路径、"金课"视域下大学"多模态"课堂、大学课程混合式教学的理论支撑。

第一节 "金课"建设的现实意义与基本原则

"金课"[①]，即一流本科课程，是高质量高水平的课程。"金课"建设和本科课程改革是高等教育改革中的攻坚战和持久战，对此我们应有充分的认识。进一步明确"金课"建设的重要意义，厘清"金课"建设的实质，并将其基本原则转化为具体实施原则，是新时代背景下高校教育必须关注的重要命题。

一、"金课"建设的现实意义

课程是教育活动的基本构成，集中探讨课程建设和教学改革问题，具有推进、深化教育改革的全局性意义。"课程是人才培养的核心要素，课

---

① 一流课程，就是"金课"，是指教育部实施一流课程"双万计划"建设的 10000 门左右国家级一流课程和 10000 门左右省级一流课程。

程质量直接决定人才培养质量"①。就宏观而言,"金课"建设是以课程促进人才培养,是建设高水平教育的必然选择,也是实现中华民族伟大复兴的基础工程,更是教育强国的必要举措。从具体层面上看,"金课"建设具有以下两个方面的重要意义:

(一)"金课"建设是高等学校培养创新型人才的行动指南

"金课"建设是新时代对创新型人才培养迫切需求的集中反映,是我国教育事业发展与改革的必然结果,为高等学校培养创新型人才提供了行动指南。

如今,全球正处于新一轮大发展、大变革、大调整阶段,世界各国的综合国力竞争日趋激烈。以互联网、大数据、人工智能为代表的现代科学技术正深刻改变着人类的生产、生活、学习和思维方式,文明和科学技术的发展要求发掘与提升创造力,创造与创新成为时代的最强音。与此同时,中国正加快向创新型国家前列迈进,教育的基础性、先导性、全局性地位和作用更加突出,教育发展和改革的主体目标开始聚焦创新型人才培养。人们开始认识到,今天的教育已经不能仅停留在传递文化、知识、技能上,要把学生探索的欲望燃烧起来,创造的潜能开发出来,让学生能拥有一个充满信心、勇于开拓的积极人生,树立为中华民族的伟大复兴而奋斗的高远志向,才是当代中国教育特有的历史使命和社会价值。

"金课"建设意见的出台,从中观制度和微观机制上为高校创新型人才培养和大学本科课程教学改革提供了操作指引。《关于一流本科课程建设的实施意见》覆盖总体要求、建设内容、实施一流本科课程"双万计划"和组织管理四个方面。其中"基本原则"的"高阶性""创新性""挑战度",对本科课程的目标、内容、教学方法、课程设计和考试评价都有明确的要求。期望通过"金课"建设和教学实践的落实,实现培养学生解决复杂问题的综合能力和高级思维,培养学生深度分析、大胆质疑、勇于创新的精神和能力。这些内容总体上都指向人才培养的目标,即适应新时代要求的创新型人才和卓越拔尖人才。

---

① 孙宗美."金课"建设:意义、原则与路径[J].高教探索,2023(1):57.

（二）"金课"建设是推动教师自我更新和超越的时代契机

"金课"建设是呼唤"创造"的时代强音在高等教育领域的集中体现，也为教师的自我更新和超越提供了新的历史契机。

教师是教育教学的重要构成部分，是教育价值的创造者，也是教育改革的关键性因素。要培养创新型人才，也需要教师创造性地去面对学生、开展工作。"金课"的建设目标对教师培养学生的创造性以及教师劳动的创造性提出了更高的要求。《关于一流本科课程建设的实施意见》提出七个方面的"金课"建设内容，其中有五个方面都需要由教师来实现，具体包括："转变观念，理念新起来""目标导向，课程优起来""提升能力，教师强起来""改革方法，课堂活起来""科学评价，学生忙起来"。要转变教育观念、落实教育目标、提升教学能力、创新教学方法、完善过程评价，都需要教师自觉、积极地参与。可以说，"金课"的高标准让大学课程教学充满了智慧与能力的挑战，而这些挑战是对教师的创造力提出的挑战。

尽管"创造"本就是教师职业的内在要求，也是教师发展的内在动机，但并非所有作为教育专业人员的教师都能自觉地或者较为强烈地具有创造意识和创造能力。因此，"金课"建设作为一种政策性外部动力，可以激发教师劳动的创造性，推动教师的自我改变和发展。

二、"金课"建设的基本原则

"金课"建设既有政策性原则，也有具体实施原则。政策性原则即依据教育部《关于一流本科课程建设的实施意见》，其中包括五项"金课"建设的"基本原则"：坚持分类建设、坚持扶强扶持、提升高阶性、突出创新性和增加挑战度。前两者属于中观建设原则，为高校管理者提供参考；后三者属于针对课程本身的微观具体原则，为高校教师和教学研究者提供参考。上述原则作为政策性要求，对各类"金课"建设具有很强的指导性。在具体实施层面，还需要注意以下两个原则：

（一）坚持以学生发展为中心的教育理念

教育的终极目标指向人的发展和完善。"以学生发展为中心"已成为当今世界教育界的基本共识，成为建设高水平本科教育的基本原则之一。

"以学生发展为中心"主要涉及两方面内涵。第一，人是教育的对象和目标指向，"学生发展"是"人"的发展，是"全面的人""丰富的人""理想的人"的发展。换言之，就是要使人走向全面化、完整化和丰富化。第二，要重视学生的主体性，以实现学生主动、健康的发展为目标。通过创造性的教育活动开启和增强学生的主体意识，发掘和培育学生的主体能力，塑造和弘扬学生的主体人格，使学生成为自身发展的真正主体。强调"以学生发展为中心"，实质上是回归教育和教学的本位，揭示教育的伟大使命，服从和服务于人的个性自由和全面健康发展。需要注意的是，从教学的角度而言，强调这一点并非否定或忽视教师对学生发展的重要作用。学生作为学的主体不可替代，而教师作为教的主体也同样不可替代。

"以学生发展为中心"从根本上体现了以人为本的教育思想和"生命关怀"的教育价值取向。如果能将其落实到"金课"建设上，那就是"回归常识"，真正把内涵建设、质量提升体现在学生的学习成果上。

（二）尊重学科特性的原则

课程教学属于学科教育的范畴，学科教育必须尊重学科特性。大学的课程设置根据专业对应的学科分科进行，不同的课程归属不同学科，其课程教学应该厘清学科归属，尊重学科知识，体现各自所属学科的独立性和特殊性。学科特性是学科的内在规定性特征，是某一学科区别于其他学科的标志。学科特性是由学科研究对象（或内容）、概念与范畴、方法与思想、文化与精神共同体现的独特性质。这些独特性质的差异决定了课程教学不可能千篇一律，必须遵循学科教育的内部规律、尊重其学科特性。不同学科，其课程设计、课堂组织、学业评价、课程标准等必然因学科特性的差异而呈现不同。不同学科体现着独特的人类生命能量，其教育实现必然发挥不同的育人功能。

第二节 "金课"建设的主要功能与方法路径

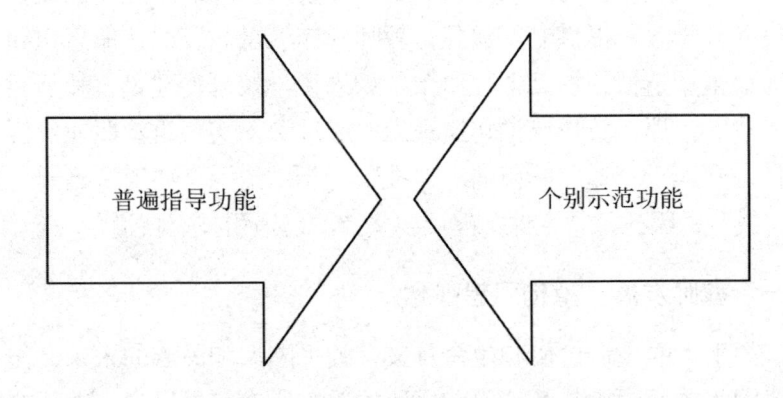

一、"金课"建设的主要功能

"金课"建设的主要功能如图 1-1 所示。

图 1-1 "金课"建设的主要功能

（普遍指导功能　　个别示范功能）

（一）普遍指导功能

"金课"的这种"普遍指导"是指不论专业课程、公共课程、线上课程、线下课程或是实践课程等课程都应该具备的课程教学中一些本质相通的东西。《关于狠抓新时代全国高等学校本科教育工作会议精神落实的通知》也提出"各高校要全面梳理各门课程的教学内容"。由此也正与"金课"标准的普遍指导功能相关联，体现的不只是哪一个学科，或是哪一种类型的课程需要向"金"靠拢，而是所有学科和所有类型的课程都应该向"金课"转变，需要给予所有课程本质内涵相通的指导。

（二）个别示范功能

提出"金课"标准个别示范功能，是为了突出应该允许课程教学中个别优秀案例的存在，鼓励和肯定教师在课程教学中独具魅力的个性教学，并不是说没有按要求写教案、没有在课堂上与学生互动就不是"金课"了。与以往的精品课程评选相反，"金课"是基于"建设高水平本科教育、全面提高人才培养质量"提出的高等教育发展新理念，体现的是"回归常识、回归本分、回归初心、回归梦想"[①]的新主张，倡导的是政府、高校、教师、学生等共同参与和共同努力下的"课程自觉"。因此，它最终的着力点是基于各个实践主体，尤其是教师主体对"金课"所体现的原则性标准的理解、体悟和践行。

二、"金课"建设的方法路径

教育是一项系统工程，具有整体性和全局性。"金课"建设要落到实处，需要学校、教师、学生的共同努力。高等学校应该从制度建设出发，为教师全身心投入教学改革提供制度保障，教师则应该以高度的使命意识和责任感充分发挥自主创造性，提高课程质量。如果说学校制度建设、教师教育改革实践是"技"，那么教师自觉转换观念，通过深入实践重塑职业价值，厚植高尚情怀，则属于"道"的范畴。"技"近于"道"，"道"高于"技"并统驭着"技"，因此，"金课"建设要坚持"以道引技、技道合一"。

（一）教师发展：重构思想观念

教育关乎人的生命价值和生命意义，关乎国家和民族的未来，作为教育重要构成因素的教师则是教育事业成败的关键所在。可以说，教师的重要性等同于教育的重要性，师资质量决定着教育质量。具体到课程建设，教师作为"教"的主体，不仅承担着使人类创造的科学文化、精神财富世代相继和发展的重任，更承担着改革课程、创造课程的重任。因此，"金课"建设从根本上必须首先直面教师的发展问题，直面教师思想观念变革和精神内存增加的问题。

教师的发展是一项系统工程，教师自身观念的变革、重构又是其中重要的问题。因为人的实践活动受制于人对活动本身的认识。教师观念包括教师对自我及教师、教育、教学与变革的认识，也包括对各种"关系"维度（自我与教师角色的关系、教师与学生的关系、教师与课程教学的关系、教师与变革的关系）的认识。在教师观念的自觉重构上，应做到以下几点：

第一，教师要认识到作为个体的自我应该是全面、丰富、理想的人，认识到自我有发展与完善的必要性、能动性、自主性。同时，这种发展与完善的能动性、自主性、持续性应该体现在教师参与教育、教学和变革的实践中。

---

① 何昕. 地方高校"金课"标准研究[D]. 广州：广州大学，2021：62.

教师要珍爱生命价值，尤其懂得青年生命对民族未来和个人人生的意义。如此才能以自身理想的生命形态去唤醒学生的生命自觉，才能培养学生主动、健康地实现自我发展的意识、态度和能力。

第二，教师要认识到教育的终极目标和价值在于促进人的发展。这一目标价值不仅是内在生命发展需要的教育追求的表达，也是承认个体差异性、更具时代适应性、更具弹性空间和可实现性的理想。"金课"建设虽然是落实到课程维度的具体改革意见，但其宏观上仍以实现学生自觉、健康的发展为根本宗旨。唯有能自主、健康发展的人，才能在复杂多变不确定的生存环境中历练、学习、创造、发展，才能适应时代变化。

第三，教师要认识到教学就是创造，尤其是在教育的价值从以知识为中心过渡到以能力与素质为中心的时代。知识固然重要，因为它是现代性的重要特征，但知识不是教育的全部内容。无论知识教授还是思维能力提升，教学并非固定执行过程，也没有可以照搬的现成模式，而是充满智慧挑战，需要教师创造性地确定并实现教学目标的过程。

第四，教师应该创造和经历思想观念转化为实践的真实改革过程，持续将观念重构与实践探索有机结合，并在相关实践中自觉完善自我、完善教学。实践受观念影响和制约，思想观念又必须经受实践的检验。课程建设和教学改革复杂而艰难，需要信念、智慧和持续的付出，需要长期实践探索、反思和超越。

（二）课程创造：重组教学体系

课程创造实质是教师创造。教师的创造性工作是"金课"的基础，也是"金课"建设的重要实施路径。

课程创造首先要发掘学科育人价值，明确教学目标。在教学前，教师要认真分析研究，甚至拓展本学科对学生的独特发展价值。这种学科教育价值的研究必须打破长期以来以学科知识为出发点的做法，尽管学科知识是学生需要掌握的基础性内容，但应该从学生发展（能力素质提升和心灵丰富成长）的需要与学科的结合出发。这恰恰体现了"金课"的高阶性原则，也是对标前述"金课"建设两大实施原则（坚持以学生发展为中心的教育教学理念，尊重学科特性）的必然结果。同时，对"学情"的研究也不容忽视。教师要掌握自己所教学生的发展状态，包括他们的已有知识基础、经验积累、潜在发展需要与可能等。只有在学科育人价值和"学情"都清晰的前提下，教师才可能确定对学生可行和有效的教学目标。

课程创造要结合学术探究，重组教学内容。第一，教师对学科知识要有学术深度的理解和深度开发。不仅要深入掌握相关学科的理论知识，具备学科的理论思维和批判性思维，还要洞察学科思想生长的逻辑力量，能够发现学术问题并解决问题。第二，在契合教学目标的前提下与时俱进，依据学科前沿动态更新知识体系，及时吸收较成熟的最新学术成果，将其融入现有的教学内容。第三，以学术的精神去粗取精、守正出新，将学科知识转化为单元式的知识结构，通过教学让学生学习并运用这些结构，进而学会拓展、串联与结构类似的知识，即所谓"举一反三"。如此既精简了教学内容，又可以逐步引导学生主动投入学习，促进他们形成对知识的学习兴趣与迁移能力，实现学习的有效性。这种对学科知识的创造性转化，需要注意兼顾学科知识的系统性、完整性，兼顾学科价值与精神（内层）、方法与思想（中层）、问题与概念（外层）的三重结构，注重点面结合，注重基础与拓展、基础与深度的有机结合。

课程创造要设计弹性化教学方案，创造学习型活力课堂。教学方案的弹性化是基于实现课堂活力的目的，即发挥课堂的生动魅力，同时以围绕学生学习为中心。以学生学习为中心，既是课堂活力的源泉，也是课堂活力的体现。弹性化教学方案的设计实施，可以在不确定性、可变性和互动性中贴近学生的实际状态，形成有温度的课堂。第一，在前述发掘学科育人价值、研究学情的基础上，设定有弹性的教学目标。要综合考虑课程教学班的人数、学生差异、学习状态、可能的预期发展分析等因素，为教学目标预留弹性区间。第二，根据事先重组的教学内容，遵循学科的认知活动规律，侧重教学环节的关联性，设计弹性教学过程。不同学科有不同的学习之道，有的课程重读、有的课程重思、有的课程重动手实践等。要根据学科特性和学习活动的特点，策划教师活动和学生活动，形成综合弹性的教学方案。

第三节　"金课"视域下大学"多模态"课堂

"金课"建设内涵式发展指导下的"多模态"课堂改革旨在组建多元模态信息融合的新课堂，包括传统教学与现代教育技术的融合，课前、课中、课后教学技能的融合,信息媒介的融合,作为课堂主体的学生各种感官的融合等,努力营造课堂教学氛围,实现"金课"建设所提倡的"深度互动交流"。

一、基于线下"金课"的对话式互动教学模式

对话式互动教学模式的重心是启发学生由被动学习向主动学习转变,根据个性差异实施精准教学引导,通过饱含情感的对话,开展深度互动交流,引领学生打破自我封闭走向自主学习。具体而言,在课前、课后教学阶段引导学生主动搜集、检索来自互联网、大数据等知识库的资料,并通过筛选、甄别、比较等参与教师发布的任务,在支持、补充、修正、建构等活动中,慢慢产生自己新的理解和认知。

在线下课堂教学阶段,引导学生在否定之否定的螺旋中求得新解,助推学生围绕学习主题,在学习障碍处展开持续深钻互动,在高缜密、逻辑性对话中超越对手,在激烈的思想交锋与对话中达到破旧立新。随着深钻互动难度的加大,学生因语塞、困顿、彷徨、不解而深受刺激,迫使其撬开一切预设的封闭性,打破自我设限。此刻正是教师的"教"引发学生"学"的重要发生点,即在学生有所明白又不完全明白的时候,教师的启发和诱导才能起作用,因而对话式互动教学的关键点在于学生真切的获得感——一种积极的心理认同,这样学生才会愿意与教师进行坦诚交流。这一攀爬过程,需要学生秉持一种自我反省和批判的基本态度,通过深度参与课堂对话,针对学习认知上的困境、障碍展开辩论甚至争论,发现和承认自身不足,逐渐进入一种主动融入和思想上不断燃烧的状态,自觉地进行自我建构。

总而言之,深钻互动的对话式教学绝非灌输,而是点燃,重在培养学生的批判性思维,磨炼学生的意志力,提升学生的感知力和判断力,在互动中激发学生学习的主动性和积极性。这样的课堂才能如和风细雨般,让充满温暖的感情细流渗入学生心田,使课堂的"灵动"真正发生在师生的内心深处。

二、基于录播授课的混合式翻转教学模式

传统高校课堂普遍存在着学习秩序错乱的状况,甚至个别学生在课前缺乏起码的准备,其知识空白不得不占用课堂时间来补缺,导致教学主体责任错位,教学成效不显著。随着"金课"建设内涵式发展的不断深入,越来越多的高校对淘汰"水课",打造高阶性、创新性、挑战性课堂的倡导越来越

清晰。在此环境下，基于录播授课的混合式课堂改革旨在创建课前知识输入与探索、课中知识构建与内化、课后知识外化与应用等全过程管理的教学模式，在翻转课堂的基础上，实施混合式教学。

随着大数据、人工智能、云计算、虚拟仿真技术等在高校教育中的广泛应用，翻转式课堂教学模式越来越变得可行和现实。在课前备课、自主在线学习阶段，授课教师需完成高质量且短小精悍的课程视频录制，内容清晰且有较强的针对性以强化显性知识的传递。在此基础上，组织和督导学生课下自主学习微课、慕课等优质教育资源，让学生对基础理论知识有整体的认知和了解，并通过互动平台整合学生的问题和疑惑。

"在实际课堂教学、引导式集体学习阶段则重在集体交流加深理解，可采取讨论辩论、实验实践等灵活多样的形式，内容转向重难点、前沿动态及针对性实践训练等，引导学生进一步讨论与探究，通过自发式学习找到问题的解决方案，在互动交流中完成知识的内化与吸收"[①]。授课教师只是课上学习的组织者和参与者，以学生的多元化需求为导向，在关键节点给予指导与点拨，重在培养学生探索性学习和创新性学习的能力。提供多种互动创新场景，多方设计比较、反思、交流、情境、重构等不同层次的学习活动，让课堂活起来，促使学生从接受到参与，再到贡献。学生也不只是被动接受教学安排，而是教学方案的参与者和应用者，是探索性与自主性学习的实践者。通过教师与学生的良性互动，对学生的学习过程进行重构，实现"教"与"学"之间的翻转。

在课后反思巩固、体验式综合实践阶段，授课教师需将话题、作业等与学习内容对应的测验内容上传到网络学习平台，并在线批阅、实时查重，全面掌握学生的学习态度和对知识的掌握情况，以辅助课上的讨论、提问和答疑。引导学生课下实践、实验、训练和拓展，进一步加强课程体系的互动性、多元性和灵活性。同时，可以借助教学互动平台自动管理教学成绩、分析教学过程、收集整理学生的自我学习评价与反思，做到可留存、可追溯。通过来自教师和学生两个方面的集中评议，进一步优化与完善教学方案，实现反馈中教、反思中学的教学目标。

总而言之，基于录播授课的混合式翻转教学模式将翻转课堂与混合式教学方式的优点结合起来，通过线上线下多元统一的方式，实现课程资源从"资

---

① 柴红新. "金课"视域下高校"多模态"课堂改革[J]. 宁波教育学院学报，2022，24（6）：67.

源共享"向"价值共创"转变,课程设计从"独立授课"向"混合翻转"转型。依托信息化教学技术的网络共享学习平台,让线上成为线下的基础,线下成为线上的拓展,将两者的优势动态嵌入教师的"教"和学生的"学"中,实现线上、线下的有机融合。

第四节 大学课程混合式教学的理论支撑

大学课程混合式教学的理论支撑有建构主义理论、关联主义理论、掌握学习理论,具体如图1-2所示。

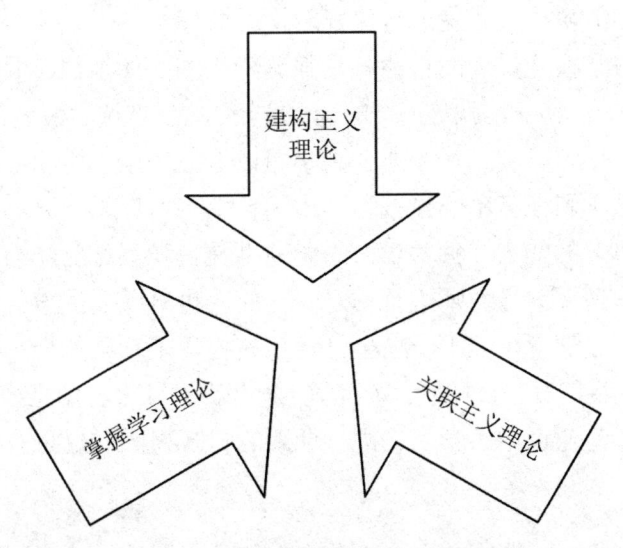

图1-2 大学课程混合式教学的理论支撑

一、大学课程混合式教学的建构主义理论

最早提出建构主义思想的是维果斯基。建构主义认为,每个个体的认知方式以及认知过程是有区别的,因此,每个人的学习结果以及学习状态也是无法提前预测的。教学本身的任务不是控制学生的学习,而是促进学生的学习。随着互联网在教育领域的应用和发展,关于建构主义的理论也在不断发展和完善,进行教学设计的时候重点并不是在教学目标上,而是在学生的发展上,要以学生为中心,建构能够促进学生进行知识内化的外部和内部环境,促进

学生知识的吸收和能力的获得，在这个过程中，教师只是学生学习过程的辅助者和促进者。建构主义主张因材施教，充分发挥学生的主观能动性，每个学生都应当有与教师直接对话的机会，教师只是学生学习的引导者，不是主导者。

建构主义是培养学生创造能力的好方式，它能够最大限度地激发学生学习的积极性和主动性，尤其在学生理解复杂知识以及高级技能的习得方面更是有着得天独厚的优势。建构主义学习环境具有真实学习情景、合作学习、注重问题解决等特色，所有的学习环境都依赖于技术，以使环境易于操作，计算机以及相关技术在建构主义学习的实现过程中发挥着举足轻重的作用。另外，建构主义理论认为，学习需要发生在情境中，在社会交往以及与周围环境的交互过程中，在解决问题的同时获得技能，在这样的过程中，学生掌握着学习进程的主动权，完成构建好的学习目标。

混合式教学模式最大的特点就是强调学生的主体地位，混合性也即为多样性，学生的个体特征本就是多样的，根据学生的状态选用最适合他们的模式，从学习环境、学习内容、学习方式到学习评价，依据学生的主体需要进行混合，课前通过学习任务单的设置为学生的自主预习提供引导和方向，从而培养学生独立思考的能力、独立学习的能力以及自我消化的能力，对于不理解的地方既可以在课前与教师进行一对一交流，也可以通过学生之间的讨论获得新的启发。在课堂中，由于学生已经预先构建了基础知识，教师也可以对于知识的深度及广度进行扩展，拓宽学生的思路。课后利用已经拥有的资源，让学生根据课前与课中的学习，进行课后的自我巩固和反思，真正实现知识的内化。

二、大学课程混合式教学的关联主义理论

关联主义又称连通主义、连接主义，是由乔治·西蒙斯提出的、符合网络时代发展特征的理论。学习（被定义为动态的知识）可存在于我们自身之外（在一种组织或数据库的范围内）。学习发生在模糊不清的环境中，没有固定的要求和界限。关联主义理论是一种适用于数字时代的学习理论。

在知识观方面，关联主义认为学习活动就是为了促进知识流通。知识在一个交替流动的过程中不断得到更新，它是动态流动的。知识的流动循环要经由：从某个人、群体或组织的共同创造开始，然后分发知识、传播重要思想、

知识的个性化、实施再回到知识的创造这样一个循环的过程，从而使我们的知识经历得到个性化的解读、内化、创新。当知识流经人们的世界和工作时，不能把它看作保持不变的实体并以被动的方式来消费，应以原创者没想到的方法舞动和裁定他人的知识。关联主义理论对设计混合式教学模式的指导作用主要表现在以下两个方面：

第一，知识是具有关联性的网络整体。混合式教学的线上教学部分由于学习场所的虚拟性、接触资源的碎片化，容易导致学习者所习得的知识处于分散、支离的状态。而在关联主义理论的指导下，教师和学习者需要有意识地对教与学的状态进行把控。首先，教师提供给学习者的知识要是连贯的，应遵循由浅入深、由易到难的原则，所呈现的知识需要遵循一定的知识逻辑结构，使学习者明晰整体的知识脉络；其次，教师面授教学的教学内容应与线上组织的教学资源相互关联，线上线下不能相互脱离，二者要有各自的教学呈现方式，但是整体上又是互相对应，彼此联系的。

第二，教师与学习者时刻保持关联。教师与学习者是教学过程的两大主体，师生之间的互动在教学过程中是必不可少的。由于线上教学过程的时空分离性，师生之间的互动往往受各种因素的限制而不方便随时互动沟通。因此，教学应用腾讯QQ、微信等软件保持沟通，通过在线软件，学习者能够相互探讨，教师亦能够及时掌握学习者的进度，及时解答学习过程中出现的问题。

三、大学课程混合式教学的掌握学习理论

"掌握学习理论"是由美国著名心理学家、教育家布鲁姆提出的，意谓"熟练学习、优势学习"，是指只要具备所需的各种学习条件，大多数学生都可以完全掌握教学过程中要求他们掌握的全部内容。

教育目标可以分为三个领域，即认知领域、情感领域和动作技能领域。在每个领域中都按层次由简单到复杂地将目标分为不同类型，并且可以将每一个类别进一步区分为若干个亚类。只要恰当注意教学中的主要变量，就有可能使绝大多数学生都达到掌握水平。掌握学习教学理论对设计混合式教学模式的指导作用主要表现在以下三个方面：

第一，混合式教学模式将部分教学任务转移到课下进行，这意味着有更多自由、充分的时间可以供学习者自由支配，学习者可以根据自身的实际情况选择合适的学习进度，以及教学方法自定步调学习。通过完成学习任务、观看教师录制的视频以及资料自主学习，并完成在线测试，判断对

于基本知识的掌握情况，对于未掌握的知识进入二次学习，掌握后方可进入下一个阶段的学习。

  第二，教师应该设定明确的教学目标，在课程中学生应该达到的学习程度、具体应用的学习方式、需要达成的指标等，使学习者有明确的学习方向，同时激发学习动力。

  第三，在保证基础知识掌握的前提下，对于材料引申、拓展学习部分，教师可以划分不同的难度水平以供学习者选择，这样的做法打破了教学过程中存在的进度一致、步调一致的问题，使学生的个体差异性得到尊重。

第二章 大学课程混合式教学模式的体系建设

混合式教学模式重视学生在教学活动中的主体差异，强调尊重、保护不同学生之间的个性化差异，并且提倡将现代化信息技术和多媒体设备工具引入课堂教学中，利用现代化信息技术的便捷、高效以及强大的功能，完成教学课堂的展开与串联，使学生能够通过互联网，以及便捷的移动设备随时随地地进行学习，从根本上提高学生学习活动的自主性。基于此，本章主要探讨混合式学习与混合教学系统、混合式教学模式的特征与要求、混合式教学模式的服务体系构建。

第一节 混合式学习与混合教学系统解读

一、混合式学习

（一）混合式学习的概念界定

混合式学习是指为达到"教"与"学"的目标和获得较好的教学效果，对所有的"教"与"学"中的组成要素进行合理选择和优化组合，使"教"与"学"的相关成本达到最优的理论与实践。为了提高学习者的学习满意度，使得数字化学习和传统课堂教学相互结合和互补，优化学习资源的整合，提高学习效果，应该充分发挥课堂学习中教师的主导作用和学习者的主体作用。教师和学习者的"数字人格"也将逐渐形成，教师应该通过有意识的课程重新设计过程来创造变革性的融合。整个课程的教学模式将被重新概念化和设计，保留面对面的部分，从讲授转向以学习者为中心的教学，学习者成为活跃的互动学习者。最初，新技术可以有效而缓慢地引入面对面的课程，这取决于教师和学习者对混合教学和网络技术的专业化水平。混合式学习对所有参与者的转变潜力依赖于多种形式、复杂交互程度和不同方式教与学之间的相互作用。

1. 混合式学习的广义概念

随着互联网的普及和数字化学习的发展，为了能够适应培训对象在时间与地点方面的多样性需求，企业培训领域首先出现一个词语——混合式教学/学习（blended learning）。在国际教育技术界，"混合式学习"的思想随即被认可，并被引入学校教育中。众多学者投入混合式学习理论的研究，开始反思学习理论与技术应用方式，试图用混合式学习来实现"回归"，即综合运用不同的学习理论、不同的技术和手段以及不同的应用方式来实施学习。

混合式学习的范畴很广，广义而言，可以概括为不同形式、不同技术、不同文化和不同制度的混合，涵盖学习理论、学习资源、学习环境、学习方式和学习风格的混合。混合式学习是对所有的教学要素进行优化选择和组合，以达到教学目标。教师和学生在教学活动中，将各种教学方法、模式、策略、媒体、技术等按照教学的需要娴熟地运用，达到一种艺术的境界。从广义上讲，混合式学习就是各种各样的技术/媒体与常规的面对面课堂活动相结合，可以理解为是对各种学习媒体、学习模式、学习资源、学习环境、学习内容、支持服务等学习要素的有效混合。

2. 混合式学习的狭义概念

在新技术条件与历史背景下，"混合式学习"被赋予了新的含义，广义的混合式学习是从数字化学习发展而来，它将数字化学习与更多的传统教学和开发方法混合起来。混合式学习应该提供一个最完美的解决方案，以适应学习者需求、学习者风格和个体学习定制。它可以通过个人智慧和一对一在线接触支持和加强学习。例如，柯蒂斯·邦克在《混合式学习手册》中，将混合式学习界定为面对面教学和计算机辅助学习的结合。这个定义考虑到了"混合式学习"的概念是在因特网出现之后才逐渐形成的，并且指明，混合式学习的形式可以非常多样化，教师和培训者们需要根据不同的学习对象、学习需求和学习情境进行开发，这为应用混合式学习进行课程设计的教师提供了创新的机会。学习者有一部分的时间在真实的物理环境（教室）中进行面对面的学习，有一部分的时间将在虚拟环境（网络平台、虚拟学习社区、移动学习载体等）中进行学习。

在教育界和媒体中，使用"混合式学习"有一个"金发带问题"的困惑，即人们在使用这个术语时一部分人把它界定得太宽泛，指的是在教室中使用的所有教育技术；另一部分人把它界定得太狭窄，仅指他们最喜欢的混合式学习类型。有研究所提出，混合式学习是在线学习和面对面教学的整合性学习体验。混合式学习的定义是，在正式教育项目中，学生学习至少有一部分是通过在线学习（online learning）进行的，且学习者能自己控制时间、地点、路径和进度；还有一部分是在家庭以外的有监督和指导的实体场所进行的。该定义有三个组成部分：第一部分是把混合式学习与富技术教学，如多媒体教学等区分开来；第二部分是为了与发生在咖啡馆、图书馆或家中的全职在线学习区分开来，同时避免提供监督和指导的人是学习者的家长或其他非专业人士，将"正式教育"与非正式学习区分开来；第三部分是在一门课程或科目中，每个学习者的学习路径上的模块是相互联接的，以提供一种整合性的学习体验。为了防止出现在线学习和传统课堂教学不协调的问题，大多数混合式学习过程使用基于计算机的数据系统来跟踪每个学习者的进度，并尝试将多种模式（网上学习、一对一或小组学习）匹配到适当的层次和主题。混合式学习的关键思想包括学习过程中任何形式的实际"混合"。

狭义的混合式学习是指在线教学如何与课堂教学相融合，其中并未考虑技术/媒介在混合式学习中扮演的角色，混合式学习的参与者可以划分为三种角色，并从这三种角色的角度来定义混合式学习：从学习者的角度看，混合式学习是一种能力，指学习者可以得到的，并与自己以前的知识和学习风格相匹配的设备、工具、技术、媒体和教材中进行选择，以适于自己达到学习目标；从教师和教学设计者的角度看，混合式学习是组织和分配所有可以得到的设备、工具、技术、媒体和教材，以达到教学目标，即使有些事情有可能交叉重叠；从教育管理者的角度看，混合式学习是尽可能经济地组织和分配一些有价值的设备、工具、技术、媒体和教材，以达到教学目标，即使有些事情有可能交叉重叠。

综上所述，国内外对混合式学习的定义经历了由宽泛到细化、由广义到狭义的过程。从"混合"一词的定义而言，其含义是宽泛的，甚至可以将"各种学习理论的混合""各种教学媒体的混合"等都纳入混合式学习的范畴。这种解释导致混合式学习包罗万象，甚至找不出几种不是混合式学习的模式，使得混合式学习实质上失去了成为一个独立概念存在的意义。经过多年的发展，混合式学习已经从广义的"混合"逐渐过渡到狭义的"混合"，即特指通过面对面学习与网上学习相结合的方式来达成学习的目的的学习模式。

（二）混合式学习现状与发展

1. 混合式学习的现状审视

了解和分析数字（化）学习（E-Learning）在线学习系统网络教育平台E-learning学习领域是考察混合式学习的基础，是审视混合式学习现状的首要条件。E-learning学习领域的应用非常广泛，经常应用于各种教育、商业、培训等领域。E-learning学习领域能够为人们提供多元化的服务方式，比如，计算机辅助学习、计算机辅助培训以及计算机协作学习等。在E-learning学习领域的发展过程中，E-learning学习领域得到了社会各界的广泛关注以及深入应用，原因在于E-learning学习领域能够降低培训成本，实现培训时间和空间上的自由，还能够提高业务反应能力。此外，对于大多企业而言，可以通过E-learning学习领域塑造学习型企业，实现企业的升级和转型。在其他国家的各企业发展进程中，也都广泛应用E-learning学习领域，有关E-learning学习领域的技术包括通信技术、学习管理系统、计算机辅助系统，还有电子绩效支持系统。

E-learning作为一种培训方法，虽然具有降低培训成本、实现随时随地培训等优势功能，但是这种培训方法具有一定的局限性。比如，过度依赖技术，学习者需要掌握相关的技术技能。由于E-learning学习领域是线上进行交流和互动，缺乏面对面的沟通，因而课件设计质量具有显著的差异性。随着人们对学习领域的深入探索和研究，一种效率更高，且更加自由和灵活的学习方式出现，即混合式学习。混合式学习引起了人们的高度重视，随着混合式学习的发展以及应用，出现了混合式学习替代E-learning学习的可能。因此，相关学者提出混合式学习能够替代E-learning学习领域的观点。混合式学习指的是在学习过程中，为了实现某种教学目标，教学者将多种网络学习技术相结合，如协作学习、虚拟课堂、流媒体和文本相结合，同时将多种教学方式和教学技术相融合，如建构主义、行为主义和认知主义相结合，还有其他的教学技术、非教学技术以及相关的教学任务相结合，从而达到高效率的教学效果。

如今，在培训领域中，混合式学习已经得到了广泛的应用，诸多培训机构都采用此种学习方式来培训学习者。培训机构在应用混合式学习方式的过程中既积累了丰富的经验，同时也取得了显著的培训成果。

2. 混合式学习的发展趋势

混合式学习在学校教育、企业学习、成人学习中得到了广泛应用。随着互联网的快速发展和普及，以及各种学习理论的创新发展，混合式学习也得到了显著的发展，虽然现在无法看到混合式学习的具体发展形态，但是，混合式学习在各领域的培训方面得到广泛的应用，尤其是在教育行业，这是因为混合式学习具有明显的优势特征，比如，增加访问灵活性、提升成本效益以及改进教学方法等。有学者指出，在混合式学习的未来发展中，混合式学习无需用混合来表示，可以直接称之为学习。目前，在混合式学习的应用领域中，主要的任务是如何创建基于计算机技术的混合式学习经验，以及积累面对面学习的混合式学习经验。混合式学习具有十大发展趋势，具体内容如下：

第一，在混合式学习的发展和应用中，移动技术及手持设备的出现，为其构建更加丰富的应用方式[1]。

第二，混合式学习将会带动个性化学习的发展，促进教育领域朝着个性化方向迈进，可视化、个体化和实践性学习进一步强化。

第三，混合式学习过程将由学生自行确定，此种学习方式能够培养学生自主学习习惯，提高学生的主观能动性。

第四，混合式学习将会促进各高校之间建立合作联系，为社群构建以及全球化联系开辟新途径。

第五，混合式学习可以补充、拓展正式学习，甚至代替正式学习，混合式学习能够开展多种形式的学习，实现按需学习。

第六，混合式学习和正式学习之间的界限将会非常模糊，混合式教学在学习和工作之间建立联系，学分不仅可以在学习中获得，也可以在工作中获得。

第七，混合式学习改变了学生的学习时间，教学日历应用的准确性和预设性将会降低。

第八，根据教学任务和教学目标设计混合式学习课程，按照混合式学习的路径和选择设计学习过程。

第九，教师角色发生改变。混合式学习环境中的教师或培训师更倾向于

---

[1] 赵建华. 混合学习应用的理论与方法 [M]. 北京：中央广播电视大学出版社，2015：39.

导师、教练或者咨询师。

第十，形成面向混合式学习的专门领域。出现与混合式学习相关的专业或者课程，包括教学证书、学位、资源或者门户等。

在混合式学习的十大发展趋势中，一部分发展趋势已经出现，另一部分发展趋势正在形成，比如，移动混合式学习，人们通过移动技术及设备的应用，构建了支撑移动混合式学习平台。在移动技术和设备的未来发展过程中，将可能出现手持式网络化多媒体设备，此种设备为人们的生活和学习带来便利，可以随时随地学习或者查询信息，以及娱乐等，此种移动设备融合了计算功能、通信功能等多种功能，除用于学习之外，还可以用于查询天气、地点，了解时事新闻等。总之，手持设备对人们的日常生活，以及学习产生重要的积极影响，也为学生的学习提供了更多高质量的服务，学生不再局限于教室进行学习，可以在虚拟环境中学习，并与其他伙伴展开交流与讨论。移动技术的发展和应用，改变了学生的学习环境，拓展了学生的学习资源，更重要的是，为学生之间的交流建立了桥梁，使学生之间的关系更加密切。手持设备具有显著的优势特征，如便携、实时、准确、直观和综合等，也是计算机和手持产品相融合的结果。手持技术及设备打破了传统教学模式，改变了以教师为主体的教学方式，提高了学生的自主学习能力，激发了学生的学习主动性，学生也逐渐意识到自身的主体地位。

人们特别关注手持技术实施的可行性，原因在于在手持技术的应用过程中，显现了很多问题，诸如，学习案例不多、学校的经济水平不高，以及对数据采集器和传感器陌生度高等问题。随着移动技术的发展，以及手持设备的应用，其价格出现大幅度降低的趋势，此种情况有利于经济水平低的地区购置设备，为贫困地区的学习者提供了便利条件。

如今，混合式学习的应用非常广泛，促进了各领域快速发展，尤其是企业学习领域。对于学校教师的成长和学习，混合式学习也起到至关重要的作用，帮助教师提升自身的教学能力和学习能力。

总之，混合式教学既是教学方式上的升级，也是学习理念上的提升，此种提升打破了传统的教学理念和传统的教学模式，改变了学生的认知方式，让学生认识到自己是学习过程中的主导者，提高学生的自主学习能力，此外，还改变了教师的教学方法和策略，以及教师的教学角色，教师不仅仅是知识的传授者，也是学生学习过程中的引导者和组织者，混合式教学要求教师扮演多重角色，并要求教师根据学生的学习情况、教学内容以及教学环境等，将课堂教学与线上补习结合，学生在线上学习平台可以自由交流和讨论，教师也可以给予适当的指导和帮助，答疑学生提出的问题等，全方面帮助学生提高学习效率，取得显著的学习成果。在混合式教学方式的应用中，在实际教学过程中，作为教师，不再仅仅关注"如何教"，更加关注"如何促进学生的学"。在传统的课堂教学中，教师技能指的是教师完成教学任务和实现教学目标的一系列行为方式，体现在教学设计、课堂实施等方面，可以是教学设计技能，也可以课堂教学技能，这些技能侧重于教师如何教学，突出了教师的主体地位，而混合式教学不仅要求教师掌握基本的教学技能，还需要教师具备如何帮助学生学会学习的能力，如何促进学生主动学习的技能，要求教师在充分发挥自身主导作用的同时也要体现出学生的主体地位，培养学生的自主学习能力，弥补传统教师模式中存在的不足。

（三）混合式学习活动的设计

1. 在线学习活动

（1）教学活动安排。课程从为期一天的面对面课程开始，学习者有机会与在线学习导师或面授教师见面。导师检查小组的知识，提出学习目标，讨论要学习的最重要的知识和任务，描述将通过电子邮件、聊天和视频会议进行的互动。每周通过聊天在学员和教师之间进行两次一小时的互动或课堂教学，以巩固知识。为了确保效率，教师要处理的主题是预先规划和结构化的。在线学习安排在某周的某个知识单元的教学计划中，根据教学需要，拟安排学习者单独或组合完成以下几种学习活动：点播授课视频、阅读材料、专题讨论、问卷调查或平台支持的其他在线教学活动形式。

（2）视频直播。学习者越是喜欢面对面的课堂，他们就越不愿意尝试其他的学习形式。网络教学可以是实时交互式教学，也可利用网络课件教学，其内容主要是选修课程、专题讲座、项目设计指导等。网络补充教学与面授导入教学要做好衔接，相互协调。远程同步教学平台通过高清摄像头、宽带网络和多屏触摸板的配置使得身处不同地区的教师和学习者在物理教室环境中实现和面对面效果一样的实时互动，利用混合同步网络课堂实现并超越真实物理课堂的效果，真正实现物理空间和虚拟空间的融合。利用课堂活动和在线平台建立起相互答疑和评价的互助机制。基于网络教学平台的自主学习，学习者容易产生孤独感和焦虑感，以及各种学习障碍，导致情绪紧张，焦虑度过高，阻碍学习的顺利进行。心理咨询可以帮助了解学习者的思想动态，发现问题、解决问题、消除疑虑，给予学习者坚持学业的信心，也可以在远程直播平台上开辟相关主题的论坛，学习者之间通过帖子的交流，相互鼓励，以营造轻松友好的学习氛围，体验彼此的接纳和支持，增强学习动力。目前，远程直播平台的人机互动越来越富有情趣和娱乐性，使更多的学习者乐于沟通和支持。

（3）社区氛围营造。社交场所设计的目的是创造一种信任和开放交流的氛围，这种氛围将支持互动并产生怀疑。混合式学习设计的作用在于人们可以设计面对面的活动，为社交活动奠定基础。而网络学习活动将在支持合作活动中维持社会存在。从在线社交的角度来看，学习者总是与他们的社区保持虚拟联系，但是他们在电脑前是一个独立意识很强的人。网络学习者表现出的社会存在质量不如面对面的课堂环境。然而，在线体验可以保持和增强群体凝聚力、协作感和支持感，这揭示了混合体验对于建立和维持社区感的价值。

气氛营造对于面对面和异步在线学习环境都很重要。在面对面的环境中，在挑战想法和进行批评性讨论时，存在着相当大的焦虑和明显的风险。在在线学习环境中，一些学习者可能会感到不那么压抑，这是因为在线通信的异步性质，个人独自坐在电脑前不受限制。虽然在线交流可以鼓励比面对面交流更开放的交流，但必须尊重社区成员。

2. 基于学习者黏度的活动

混合式学习活动设计面临的重要任务是提高学习者黏度，让学习者能够积极主动地坚持学习完网上课程。混合式学习需要一个可持续的、有激励的严格计划——这是主要的"黏度因素"，教室需要变得更加开放，学习空间需要变得更加灵活，混合式学习因为现实世界和虚拟世界的混合而实质上是黏性的。整合这些元素对于"黏度"至关重要。明确目的是由面对面和在线社区互补实现的，是一个至关重要的设计和黏性因素。混合式学习通过自我反思和社会性对话吸引学习者的注意力。黏度是对与课程目的直接相关的感兴趣主题的有意义的投入。在线学习关注理念和新概念与知识结构的构建。保持黏性的挑战是通过真实社区和虚拟社区的充分整合来维持反思和对话。正是这种社会性协作和自我反思的统一，使得混合式学习环境变得独特。另外，师生间的信任犹如一种黏合剂，是指彼此间的一种持久的、不为外界因素而改变的互相信赖，是师生心理上的和谐一致性。因此，混合式学习活动的形式要能够让学习者在轻松、有趣、高度投入的氛围下主动地建构知识。

（1）常规性检查。常规性检查属于常规性的学习者活动。学习者已经懂得的知识往往是指最基本的基础知识，这部分知识是一般学习者都已经掌握的内容，所以在课前简单、快速地组织一下检查活动就可以了，完全没有必要花太多的时间，也不用教师再讲一遍。实际上，这种活动也可以安排在课前，让学习者提前自主完成。

（2）概括与提炼。概括与提炼属于学习者个体的探究活动。对于那些学习者暂时不懂，但通过自己看教材可以懂的内容，教师完全没有必要马上进行分析与解释，而是要给学习者提供足够的时间进入教材去阅读与思考，在此基础上再让学习者尝试进行概括与提炼。学习者开始不懂的内容不等于经过有效的活动后还不懂，所以教师要懂得有舍才有得。教师舍去的是一点课堂使用时间，而学习者得到的是对知识的理解。

（3）讨论与交流。讨论与交流属于学习者的探究性、合作性活动。讨论的过程就是解决分析问题和解决问题的过程。由于学习者个体思维、学习背景的差异，因此很有必要通过讨论与交流来探究、交流与智慧分享。充分利用学习者资源，最大限度地挖掘学习者的潜力是高效学习策略的重要体现。

（4）讲授与阐明。讲授与阐明是教师主导性活动。对于某些内容确实超出了学习者现阶段理解能力的难题，就必须通过教师来进行讲授与阐明。因为某些专业知识或专业术语并非学习者靠自己的知识就可以理解和解释的，所以需要通过教师的帮助才能解决问题。当然，针对这样的难题，教师应该有一个理性的准确判断。

（5）活动设计与示范。活动设计与示范属于教师示范性活动＋学习者实践性活动。对于某些理论性比较强或者是比较抽象的学习内容，即使教师讲了学习者也不一定能弄懂，就必须通过教师的活动设计或示范才能让学习者逐步走进知识中。这种活动带有明显的实践性，学习者必须通过将动脑与动手相结合，才能逐步感悟与理解。

以上教学活动，其层次性是非常清晰的，不同能力可以通过不同的活动来获得。学习者始终是课堂活动的主体，教师是主导。课堂大部分的时间都是在教师的控制下再由学习者来支配的。毫无疑问，学习者参与的活动越多，其收获就越大。反之，教师控制的时间越多，学习者的收获就越少。

对于提高混合式课程设计的学习者黏度，尚需更多的实践探索。在混合式教学过程中，教师还要根据实际情况灵活调整，并通过网上交流等其他方式为学习者提供及时指导。总之，教师需要合理地混合两种学习环境，对于那些通过自主学习难以掌握的内容，在教室中面对面地讨论或小组汇报是比较有效的。而在自主学习活动中，师生互动则应逐渐减少，任务的难度则应逐渐增加，并为学习者留出逐步适应的时间。

（四）混合式学习环境的创设

1. 混合式学习环境的类型

混合式学习环境，顾名思义，强调的是非单一的学习环境，目前，混合学习式环境主要包括以下三种类型：

第一，线下课堂学习环境与广播学习环境的混合。可以将混合理解为两类，即教师教导类和学习者自发类。一方面，在校学生在课堂上聆听教师的教学和指导，通过教师在课堂上所进行的听、说、读、写和训练，使学习者获取新知识，增强与同伴的互动行为，以及相关技能的提升等；另一方面，学习者可以通过自发组织或报名的形式参与到校园广播式教学中来，通过校园广播和空中课堂（到网上去听或看一些教师的录播课程，内容可以是视频形式、板书形式、课件形式、语音形式等）等形式获取知识和技能。传统校园式广播教学具有一定局限性，需要学习者在广播播放时学习，不能根据自己的实际情况把控时间。数字广播技术出现后，传统广播教学中的不足得以解决，在互联网传输网络广播的背景下，学习者可以根据自身实际需求有选择性地收听广播，且不受时间和空间的限制，极大地增强了学习者在广播学习环境中的便捷性和自由性。

第二，线下与线上课堂学习环境的混合。目前，混合式的学习环境类型最为常见。混合式教学的出现并非偶然，它是教育发展与现代化网络技术碰撞的结果。学习者可通过高科技技术设备实现线下与线上课堂的双重学习，并根据自己的学习进度自主安排时间、地点、学习内容的类型和难易程度等，并将获取的资源共享。基于"线上＋线下"的混合式学习环境中的教师，可以积极地鼓励、引导、监督、反馈和评价学习者。混合式教学环境刺激了学习者与学习者，教师与学习者之间的交流与互动，降低了成本、提高了效益，是符合现代化教育的重要手段。

第三，在线学习与移动学习环境的混合。教师利用网络平台向学习者进行教学内容的输出，在输出过程中出现的教与学的环境就是在线学习环境。学习者在此环境中，可获取教师在网络平台上传的电子教材、课程资源库，以及线上录播课堂内容等，且基于此环境下的学习者与学习者之间可以发帖进行学术问题方面的交流或为学习过程中遇到的问题寻求帮助，随时更新自己的"电子档案袋"。此外，在线学习与移动学习环境的混合的最大特点在于，学习者可通过手持移动设备学习，从而在真正意义上打破传统教学对学习者在时间和空间上的学习限制。

2. 混合式学习环境的特点

（1）学习资源丰富化。学习者在课堂学习环境中，往往通过随身携带的传统纸质资源获取知识，并通过课堂上教师准备的挂图和实物等对学习内容有更为深切的感知和理解。在线学习环境通过现代信息手段，吸纳、分类、重组知识数据，学习者不仅可根据自身需求在网络数据库中搜索，并获取相关学习资源，还可以通过教师提供的电子版资源，以及其他学习者在网络中共享的学习资源补充自己的知识缺口等。学习者根据自己的知识储备情况、喜好、学习内容的不同，建立自己的资源库。多元化学习资源充斥着学习者视觉、触觉、听觉感官，调动了学习者的学习兴趣和学习动机。由此可见，学习者在混合式学习环境中获得了更多的学习资源和乐趣。

（2）学习者学习自主化。混合式学习能够将更多的学习权交给学习者本人。学习者可以根据自身的知识储备情况和想要学习的内容、方向，以及学习方式、进度、时间等做及时调整。比如，没有网络或移动设备的学习者可以通过广播进行学习，有移动设备的学习者可随时获取知识；学习者可选择独立学习，也可选择与其他学习者一同学习；没有教科书的学习者，可在网上获取电子版教材；学习者还可选择最为直接的学习方式，与教师面对面学习，从而获取学习方面的准确反馈。学习者可在混合式学习环境中自主选择学习方式，充分发挥主体作用。

（3）学习者组织知识个性化。个性化学习是指需要针对每个学习者的需求优化学习过程和教学方法。基于混合式学习环境中的学习者可以按照自己喜欢的方式组织和呈现学习效果。也就是说，学习者不必遵循条条框框的规矩、规律等学习知识，可以借助网络平台，通过多元化渠道和方式自主组织学习或展示学习后所获得的成果。学习者组织知识个性化（劣构）有利于学习者对知识的系统掌握，使学习者的知识从劣构走向良构。

3. 混合式学习环境的作用

（1）提供丰富的学习资源。混合式教学实质上并非属于全新的教学方法或理论,而是随着教育信息化的不断深入,逐渐得到普遍关注的。此种方法的出现改善了学习者的学习环境,使其获得了更多有价值的资源。基于传统教学环境,课堂教育使用资源相对较少且大多属于静态物质,主要包括纸质课本、实物、录音、幻灯机、图片、板书等。一方面,这些静态资源不能很好地将资源内容充分展示;另一方面,静态资源对学习者的感官刺激效果不佳,不能很好地调动学习者的积极性。而混合式学习环境的出现,恰恰弥补了传统教学环境存在的不足。混合式学习环境不仅为学习者提供了更为丰富的学习资源,还使教学课堂趋于多元化、趣味化。虚拟现实技术的应用对学习者的感官产生强烈的刺激,使学习者与环境互动的同时提高认知力。学生也可以通过网络自行搜索和收集所需资源,并根据自己的喜好和学习习惯建立属于自己的学习资源库。

（2）创设优化的情境。情境是符合学生已有的生活经验和认知水平的学习环境。置身于优质的真实情境中的学习者比建立在真空环境中的学习者更具掌握知识的能力。由此可见,真实情境有助于学习者的学习。实践证明,传统教学中通过静态资源创设出来的情境并不能达到预期的教学效果。需要混合型学习环境的加持,运用多元化手段和方法,如多媒体技术、网络技术、声像技术、虚拟现实技术等,构建理想的学习环境,并显示出真实问题的优质情境。在简化传统教学环境操作流程的基础上,通过网络技术保持现实情境的真实性,且在充分暴露问题的同时,为学习者提供经验,从而提高学习者的学习动机以及认知的主动性,更好地掌握学习内容。

（3）建立多样化的交互形式。基于混合式学习环境下的学习者和教师之间出现了多于传统学习环境下的交互方式。学习者与教师之间不仅可以面对面交流,还可以通过网络方式沟通。教师在网络中也可正常指导、监督和引导学生,并及时给予学习者评价和反馈。此外,在混合式学习环境中,教师、学习者、学习资源之间都可随意选择互动,有效地促进学习者的学习与问题的多元化解答思维方式的养成。

4. 基于混合式学习环境的学习方式

混合式学习结合了传统教学方法以及 E-learning 的优势和特点,此过程,不仅需要发挥学习者的学习主动性和积极创造性,还进一步展现了教师在教学过程中的主导作用,引导和监控教学过程。不同的学习环境使用的学习方法也不同,在混合式环境下,学习方法可以分为个性化学习、协作学习。

第二章 大学课程混合式教学模式的体系建设

（1）混合环境下的协作学习。协作学习属于一种学习策略，以小组或团队形式组织学习。实现班级学习目标的重要组成部分是小组成员之间相互协作。在协同工作的过程中，小组成员可以把自己在学习过程中发现的信息和材料分享给其他成员，还可以将这些信息共享给其他小组或者全体成员。在教学过程中，为了进一步实现学习目标，学习者可以通过对话、争论和商讨等方式充分论证问题，进而找到最佳的学习途径和实现最佳的学习目标。

第一，在混合式学习环境中形成的协作学习方式。学习和组织协作学习的过程离不开正确的协作学习方法。具体而言，混合式学习环境中运用的协作学习方法主要包含社会性学习、行动学习、对话式学习、问题式学习和小组调查（GI）等。

一是社会性学习，指社会群体通过各种交流活动、交流过程学习的特定方式。学习者可以通过与线上和线下的同伴交流，掌握更多专业知识和技能，在交流的过程中，学习者的综合能力得以提升。

二是行动学习，指学习者通过团队学习的方式解决各类学习问题，进而系统地掌握所学知识。换言之，学习者通过学习项目解决当前比较重要的问题，在规定时间内运用有效的方法梳理清楚问题的解决思路，进而找到正确的解决方法，通过实践有效解决问题。行动学习的重要基础是活动反思和活动实践，在这个过程中，需要计划好每一个学习过程，并在此基础上不断总结和反思，最终得出准确的循环学习流程。

三是对话式学习。从对话式学习的角度来看，教育的对话性较强，所以，在学习的过程中，学习和教学是对话式的。对话属于创造活动，只有以平等、信任和谦虚为基础，才能构建教学双方的平等关系。所以，对话式学习认为学习者和教师之间的对话是平等的，可以激发学习者的学习积极性，让学习者获得最佳的学习效果，因此，在协作学习中，对话式学习至关重要。

四是基于问题的学习，又被称为问题式学习，以问题为大前提，引导学生积极参与真实性问题的解决。问题式学习以学习者为中心，引导他们积极合作，进而共同解决真实性问题，由此形成具有针对性的解决技能。学习者在混合式学习环境下可以运用问题式学习不断解决问题，并从中不断丰富资源，最终验证问题假设，全面提升学习者的能力。

五是小组调查，它是通用的，属于教室组织计划中的一种。在小组学习中，学习者合作探究，通过讨论和协商实现计划和目标。这种学习方法是将 2~6 名学生分为一个学习小组。每一个小组根据具体情况选择学习单元和主题，并将这些内容分解成子任务，为小组报告准备相应的内容。以小组的形式展示每一个小组的探究结果。具体而言，小组调查主要包含六个步骤：明确组织学习小组和主题、学习任务的计划、完成研究结果、准备最后报告、展示报告、评价。

第二，混合式学习环境中的协作学习方式。在混合式学习环境下，形成了很多协作学习方法。在协作学习的过程中，教师通常依据以下内容对不同的混合式学习环境下的学习者采取不同的教学协作学习方式：

一是小组目标。大部分情况下，协作学习方法会充分利用形式不同的小组目标。在团队学习方法中，比较常用的是 STAD、TCT、TAI 以及 CIRC 等方法，协作学习方法的目标是根据现有的标准给予团队证明或奖励。

二是个体职责。有两种途径实现个体职责。第一，小组成绩包括学习者团队运用的学习方法。例如，STAD、TAI 以及 TGT 等，该成绩评估了总成绩或评论个体测试成绩。第二，任务专门化，这是学习者在完成部分小组任务时唯一的职责，个体职责可以帮助学生增强协作能力。

三是成功机会均等。从学习者团队学习方法来看，这些学习方法主要运用独特的统计方法确保学习者的平等关系，让学习者积极参与团队活动，为团队出谋划策。

四是团队竞争。团队竞争可以提升学习者的学习动力，增强团队的凝聚力。

五是任务专门化。运用任务专门化方法的重点是让团队中的每一个人都承担唯一的任务，让每个小组成员都积极参与活动。

六是个体需要的自适应。大部分情况下，协作学习方法运用的教学方法是小组步调法，值得一提的是，CIRC 以及 TAI 运用的教学方法可以满足学习者的个体需求。

对学习者来说，混合式学习环境带来了便利的学习资源和学习环境，因此，教师应该依据教学要求和教学需求，采取符合实际的教学协作学习方式，帮助学习者构建完整的学习体系。

第三，在混合式学习环境下开展协作学习活动。混合式学习环境的协作学习活动主要由网络学习环境和传统课堂组成，在此种学习环境下，学习团队和学习小组的最终目标是共同学习，运用多种学习交互方式开展学习活动，促进彼此沟通和交流。在混合式学习环境下，活动评价始终贯穿学习的前期和学习的后期，并且，这一学习活动始终影响着混合式学习的教学理念和教

第二章　大学课程混合式教学模式的体系建设

学思想。

在混合式学习环境下，协作学习活动的组成要素主要包含科任教师、学生、协作学习活动目标、协作小组、活动环境和准则、学习活动策略，以及最终的学习成果。各种构成要素相互影响和制约，共同构建完整的协作学习活动系统，因此，在教学的过程中，教师应该设计好、监督好、维护好协作学习活动的各组成要素，顺利开展协作学习活动。在混合式学习环境下开展协作活动的优势主要包含四个方面：首先，环境融合性可以为学习活动提供优质资源；其次，交互多样性可以促进学习者有效沟通；再次，活动目标导向性可以为学习者提供动力和方向；最后，活动开展灵活性可以非线性优化组合。

总之，在混合式学习环境下的协作学习活动不同于传统教学课堂环境，也不是简单地将传统教学和网络环境教学协作学习混合，混合式学习环境下的协作学习借鉴和参考了混合式学习中的思想理念、研究成果以及活动理念，并将这些内容融入活动设计中，在具体实施过程的指导、监督及管理下，让学生逐渐进入深度学习的状态，进而获得最有效的学习成果，最终实现活动目标，全面提升学生的自主学习能力、合作学习能力，以及逻辑思维能力等，并在此基础上提升教学质量和教学效率，促进学生全面发展。

（2）在混合环境下的个性化学习。个性化学习是开展学习活动的重要依据，是学习者的个性化特点，个性化学习的最终目的是依据学习者的个性化学习需求提供合理、有效的学习策略、学习方法。个性化学习是学习小组比较常用的学习方法，每个学习者都可以在这些团体中感受到归属感，每一个学习者都具有独特的学习目标。个性化学习在学习的过程中，应该以学习者为中心，尊重学习者的个性化特点和个性化发展，根据学习者的学习意愿和学习节奏开展教学活动，进而充分发挥学习者的主体地位。

个性化学习的特点主要包括以下几点：第一，注重学习者个性发展。个性化学习应该依据学习者的实际需求和兴趣爱好开展活动。所以，在设计个性化教学的过程中，教师应该以学习者为主体，以他们的个性特点为基础，为学习者创造适宜的课堂环境和氛围，充分满足学习者的个性化需求，引导和帮助学生产生归属感，进而实现学习目标。第二，强调学生是教育的主体。个性化学习尊重学习者的个体差异性，因此，在教学的过程中，教师应该依据不同学习者的需求运用不同的教学策略和方法，引导和鼓励学习者积极参与活动，由此，活动、认知和实践的中心都是学习者，而教师则是活动中的引导者、参与者及协作者，个性化学习可以让每一个学习者成为学习主体。

第三，运用多样化的教学组织形式。个性化学习的基础和依据是学习者的个性化发展，所以，在组织开展教学活动的过程中，应该根据学习者的个性需求选择合适的教学方式。教学组织形式分为两种：直接教学形式、间接教学形式。具体而言，直接教学形式可以分为小组教学、个别教学以及班级授课等方式；间接教学形式可以分为协作学习、个别学习、计算机教学等方式。在组织开展个性化学习的过程中，保障学习者个性化发展的重要依据是运用多样化的教学组织方式。在这个过程中，学习者可以采取多种学习方法，具体包括碎片化学习、案例学习以及行动学习等。

混合式学习融合了传统学习方法和网络学习方法，学习者可以通过混合式学习环境开展协作学习，在混合式学习环境下，学习者可以将自己的特长发挥出来，充分展现个性化学习的特征。简而言之，混合式学习环境为学习者提供了有力的平台和资源，并为学习者提供了多样化的学习形式。除此之外，个性化学习和个性化学习环境不可分割。具体而言，构建个性化学习环境可以从以下几点入手：

首先，学习条件。学习条件是指为个性化学习提供技术支持及学习环境，个性化学习环境的选择应该符合学习者的实际需求。所以，教师必须根据课程需求铺设完备的网络教学设备，在此基础上构建完备的服务体系，进而形成个性化学习的网络化教学层次，为学生提供强大的资源优势，帮助学习者更深入地理解和掌握教学内容，增强学习者的学习效率。一方面，网络条件非常重要，但与此同时，挂图、教学文字资料和实物等资源也同样重要。教师应该有效整合各类资源，并在此基础上满足学习者的资源需求。另一方面，学习环境也很重要。把个性化学习内容相同的学习者聚集到一个学习环境中，将他们组成个性鲜明的学习小组，为他们构建稳定、个性的学习交流区，可以为学习者提供良好的学习环境，提高学习者的学习效率。

其次，学习目标。每一门课程都有特定的学习目标，不同的单元内容根据不同的目标组织完成，但是有一些较大的教学目标，通常是固定不变的。此种做法会阻碍学习者的个性化发展，教师和学习者应该将自身需求和条件适当拆分、重组，并依据自身需求及自身兴趣爱好完成相应的目标，最终实现团体的总目标。值得一提的是，学习者在个性化学习的过程中可以超越大纲目标，根据自己的发展需求制定符合实际的学习规划和目标。

再次，学习内容。随着学习环境的不断优化和发展，个性化学习环境给学习者提供了丰富、优质的资源，学习者可以从教科书上掌握学习方向，为学习者指明内容导向，因此，教师在教学的过程中不应该只注重教科书上的知识，还应该依据教学大纲明确教学重难点，将教材知识拆分重组，进而起到拓展延伸的作用，让教科知识更加符合学习者的需求和个性特点。除此之外，教师作为学生学习的引导者，不应该盲信权威，而是应该在教学中敢于质疑，进而不断优化和完善自己的学习风格和习惯，灵活掌握学习方法和学习过程。

最后，学习评价。在学习的过程中，评价学习至关重要，所以，教师在制定个性化学习策略的过程中不能单凭考试成绩判断学习者的学习情况，正确的评价方法是客观公平的，可以督促学习者不断进步。教师可以运用多样化的评价方式，融合终结性评价和形成性评价，换言之，教师要对学习者的学习过程和学习结果进行评价；在这个过程中，不仅要注重学习者在网络平台上的学习情况，以及课堂内外的学习情况，还应注重学习者在学习过程中取得进步和成果。此外，在教学的过程中应结合他人评价和自我评价，采用多方位评价方式，即教师评价学习者、学习者相互评价以及自我评价等，全方位促进学习者个性化学习。学习者的自我评价可以激励学习者站在评价者的角度分析和思考问题，由此明确自己的学习方向和努力方向。学习者可以通过自我评价反思自我，不断升华自己，并在反思的过程中找到适合自己的学习方法，进而及时有效地解决问题。教师评价可以作为评价参考，并让学习者通过教师的指导不断提升自己的综合能力，最终提升学习效率。

教师和学习者在个性化学习环境中都应该转变教学观念，随着现代教学理念的不断完善和发展，学习者应该逐渐发展为知识的主动构建者，教师也应该转变教育观念，逐渐发展为学习引导者和促进者。

（五）混合式学习空间的构建

学习是在一定的时间和空间内发生的，对学习的空间维度进行研究则形成了学习空间这一领域。学习空间的研究包括对学习空间的规划、设计、实施、评价等，在技术发展的基础上，为了实现学习者自主、灵活和投入的学习而开展学习空间研究，在提高教师教学有效性和学习者学习投入性的同时，也为今天的学习者准备明天的环境，使学习者能够尽快适应未来的工作和生活。

1. 混合式学习空间的类型划分

学习空间通常是指整个学校的学习环境，主要研究在技术丰富的环境下，如何改造学校的环境，以便适应学习者的学习需求。学习空间包括正式、非正式和虚拟三种，正式的学习空间主要有大礼堂、教室、实验室等，非正式的学习空间主要有休息室、户外学习区等，虚拟的学习空间主要有学习管理系统、社交网站或在线环境等。教室处于各学习空间的中心。所有面对面的学习空间都应辅以各类小型网络学习空间，以增强学习效果。根据能够满足学习活动方式的不同，学习空间可分为以下两类：

（1）个人学习空间。个人学习空间是为满足学习者独立自主学习需求而创设的相对安静且资源丰富的个体学习区域，强调将学习者置身于不受外界干扰的学习空间内，且学习者之间不需要交流，只需拥有安静的学习环境即可。它的优点是虽然该区域是处在开放性的空间中，但每套桌椅都是相互独立且桌椅之间的摆设不会相互干扰，为学习者提供了良好的独立学习环境。当学生拥有较强的自主学习能力以及知识建构能力时，若高校开辟这种学校区域，则学习者将能够在个体空间中进行独立思考、研究与总结，实现高效学习。个人学习空间由组织机构提供，但由个人控制，在他人指导与自主学习之间保持独特的平衡，以鼓励认知和情感的投入。独立、控制与投入是有效学习的关键因素。

（2）小组协作学习空间。小组协作学习空间主要是指为以小组或团体形式的学习者提供专门的学术研究讨论或交流协作的自主学习活动空间。它的人数比较固定，一般为3～5人的小集体研讨会，形式也相对单一，多以相关专业领域的学习者对其专业方面的知识进行交流和沟通。但这种小集体形式的学习环境对私密性和公共性都有一定的要求，取决于该空间下物理资源设备的陈设和布置。因此，根据小组协作式空间的两种特性可将其主要划分为两个区域：封闭式学习空间和开放式学习空间。

第一，封闭式学习空间封闭式的协作学习空间是指小组协作或研究讨论的场所，即在一个相对封闭的环境，学习者可以自由且无拘束地对学术问题进行交流，不用担心影响或干扰其他的学习者而限制协作学习的开展。小组协作学习空间的布局模式打破传统的知识传授者和接受者分离的格局，它的排列形式能够将学习者融入协作活动区共同参与讨论，并且这种格局不拘泥于一种模式，所以这种空间下的硬件设置一般都比较灵活多变，可按活动需求随时调整。作为一个相对封闭的学习环境，为了提高讨论交流效果、保证内容的私密性，该空间还具备隔音除噪的功能。协作空间的主要功能是达到协同学习，因此房间内的座椅都是带有滑轮便于其移动位置，可根据不同学习者的学习需求或研讨内容进行调整，或改变房间的整体格局以满足主题内容的需要。

第二，开放式学习空间。开放式学习空间分布在具有公共且开放性的环境中，整体布局与封闭式的模式类似。在这个区域，师范生可以开展协同学习、交流学习等，它所营造的学习氛围相比封闭式空间更具有开放性。所进行的学术研讨，小组学习的活动内容并不需要在封闭的环境中进行，即活动主题的内容可公开，那么可以使用开放式学习空间进行协作学习。

2. 混合式学习空间的基本特征

混合式学习空间是信息技术与课堂教学密切作用而产生的新事物，它整合了多学科领域的研究成果，并对学习空间和信息共享空间进行了进一步的继承和发展，以教学、研究、管理与服务革新的目标为导向，提出了更加多样化的跨时空的协同学习与研究空间。因此，对于混合式学习空间基本特征的解析可以从以下三个方面进行阐述：

（1）混合式学习空间的核心观念即实现学习者之间的知识共享。所谓知识共享，是指个体知识、集体知识通过各种交流手段或方式为团队中其他成员所共享，同时通过知识创新，实现组织的知识增值。混合式空间利用创新型模式平台成功地将实体环境与虚拟空间进行有效结合，极大地支持了学习小组或团队学习、协同合作开展知识创新。只有通过相互间的交流、学习、共享，知识才能得到积累与增值。知识共享的覆盖面越广，其利用与发展的效果就越佳。因此，扩大知识共享的范围是实现知识经济时代学习者知识获取的重要保障。信息化时代以技术手段为支撑的网络学习空间将"信息资源共享化"作为核心理念，它为广大学习者提供了实体环境与虚拟空间相交互的智能化学习空间，让他们充分接收具有针对性、科学性、实用性和冗余度低的教育资源，使其自主学习得到充分的发挥。集资源和服务于一体的动态协作式学习环境，用信息、知识为学习者的学习和研究提供可以独立、自主和充分思考的机会，最大限度地激发他们的创造力。

（2）混合式学习空间的重要特征即支撑协作式学习的开展。相对于传统的教室和多媒体学习环境，以信息技术作为认知工具的混合式学习空间更加强调协作式学习的重要性。协作式学习是为了达到小组学习目标而开展的对话、协商、讨论等形式的活动，是获得达到学习目标的最佳途径。它既包括学习者之间互动交流、研讨等活动，也包括学习者与教师之间的相互协同。信息、媒体技术在学习者的学习过程中扮演着非常重要的角色，它们不仅使学习者可借助电子邮件等网络通信工具实现相互之间的交流，参加各种类型的对话、协商、讨论活动，而且可以不受时间和空间的限制为学习者提供指引和帮助，为其解答学习过程中的疑难问题，培养他们独立思考、求异思维、创新能力和团队合作精神。混合式学习空间为学习者组成团队进行协作学习提供了方便条件。首先，它扩大了学习者的范围，使学习者不局限在班级或熟悉的群体中，可以使具有不同文化背景、专业领域、学习经验的学习者进行协作，从中获得多方面的收获；其次，网络技术、数据库和人工智能技术支持的学习环境，拥有丰富的资源、各种帮助工具和学习策略支持，使协作学习能够得以顺利进行。同时，协作可分为同步和异步，使学习更加灵活。

（3）混合式学习空间的空间布局满足小组活动的开展。与传统的教学和学习环境相比，数字化学习空间在空间设计与布局上最大的不同就是支持各种小组活动的开展。学习者可依据小组或团队的研究主题对空间的格局作相应的调整，让各种资源设施最大限度地发挥其作用并有效地支持小组学习活动。例如，在大多数高校的数字化学习空间所提供的学习、研究室都具有灵活多变、样式各异且可调整的功能，以此来满足不同学习者或团队的需求。同时在这些学习室里还配备有计算机、多媒体、投影仪和电子白板等具备可移动、可调节的资源设备，以满足不同学习者或团队的个性化需求。

3. 混合式学习空间的层次分析

混合式学习空间是为满足用户对空间、资源和服务的综合需求而出现的一站式服务环境。校园的学习空间是教育体系中的物质实体，由校园整体环境、单体建筑以及其他促进学习的各类场所组成。作为一种文化载体，学习空间承载着特定的校园文化及其场所精神。校园的学习空间是教育、技术和空间设计的交叉点，这些维度之间的联系正日益得到认可。混合式学习空间超越了传统学习环境和学习空间的褊狭，将其体系架构在两大基石和三大层次的基础上，整合了现实和虚拟两个层次空间，实现了技术手段对两个世界中教学与学习间的汇通，并在两者之间形成了一种循环结构，充分体现数字化学习空间对教育教学的革新。

综合各派学者的观点，本书认为，混合式学习空间的结构模型主要可以划分为物理层、虚拟层和服务层三个基本层次。空间、资源和服务是混合式学习空间的三个基本要素，任何混合式学习空间都是这三个要素的有机整合。物理空间是混合式学习空间针对不同用户类型、学习风格与研究习惯而营造的实体场所，如个人学习空间、团体协作空间等，它位于混合式学习空间构成模型的底层，是混合式学习空间的基本物质条件。资源空间是基于空间为用户提供的信息资源、设备技术资源和人力资源等。混合式学习空间在物理空间和资源空间的基础上为用户提供丰富多样、完备周到的服务，如联合咨询服务、一站式服务等。

混合式学习空间的层次如图2-1所示。

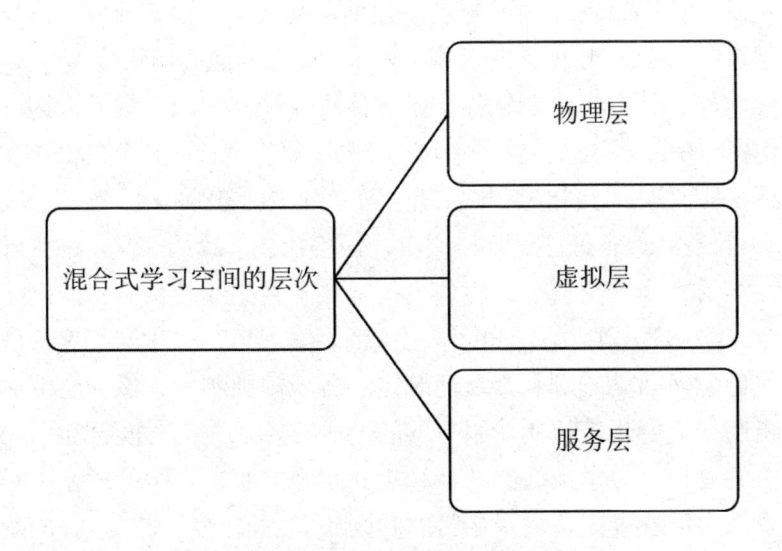

图2-1 混合式学习空间的层次

（1）物理层。物理层是构成混合式学习空间的基本条件，它包括信息基础设施和物质空间载体两方面。物理层是混合式学习空间的实体表示形式，是传统硬件设施与信息化资源配置集成的空间，为学习者提供了必要的资源设施和空间以满足其学习和交流，它主要由实体空间、硬件设备和服务设施三个部分构成，并以实体空间为基础，将硬件设备和服务设施作为支撑，实体空间包括个人学习空间、小组协作学习空间、多功能教室、休闲区等；硬件设备包括计算机、网络、无线网卡等设备；服务设施包括信息咨询服务台、残障辅助设施等。物理层关注的焦点是基于硬件资源所创设的环境能够满足学习者需求，它不仅包括学习空间的整体设计和布局，同时还强调交流、学习、研究和协作功能的发挥。因此，实体层遵循"因需而变"的原则，空间内部结构元素根据学习者的需求以及目标而做出相应的改变。

（2）虚拟层。虚拟层是指学习者进行学习活动的虚拟空间及融入其中的各种学习资源，指不同类型的网络资源及服务所聚集的平台。虚拟层由虚拟空间、信息资源、网络软件及设施等部分组成，是学习者学习、交流和共享知识的虚拟场所。用Web6.0技术或软件工具构建，如即时通信、博客、社会网络、知识库、信息聚类、社会书签、知识共享等，重视开放获取、交流互动、知识共享以及与本地或远程用户的互动。虚拟空间包括各种社会网络空间、学习社区、兴趣社区、虚拟实践社区等虚拟环境；信息资源包括数字图书馆资源、网络精品课程、网络课件、慕课（MOOC）、网络信息资源和其他各种信息资源等；网络软件及设施包括各种网络软件、信息获取与共享软件、网络教学软件、网络办公软件、多媒体软件，以及其他应用软件等计算机软件、网络教学软件、计算机办公软件、多媒体软件和其他应用软件。因此，丰富的信息化资源是建构混合式学习空间的基础，只有创设多样化的数据库资源、网络资源、慕课等，才能成功地实现学习者对信息资源的"一站式"获取。

（3）服务层。服务层是支持层次，涵盖社会、政治、文化的人际范畴，如公开性演讲、学术交流等，也称为创意共享空间或社交共享空间。服务层是指混合式学习过程中所形成的学习氛围、学习风气、学习态度、价值观，以及为保证学习活动的顺利开展而制定的各项规则制度，最终会形成一种学习约束机制和道德规范机制。服务层的形成有赖于人们对混合式学习过程中学习模式的设计、教学策略的选择和规则制度的制定。服务层是一种隐性的环境因素，它反映了团队成员中带有共同倾向的心理状态，良好的规范环境可以减少学习者的行为偏差，有利于他们持久学习动机的形成，提供和谐、生动、活泼的学习氛围和优良的学习环境。

4. 混合式学习空间的建设途径

（1）混合式学习空间的建设模式。随着学习者需求的不断提升，混合式学习空间必须以其独特的优势、全新的模式以及便利的服务为学习者打造一个智能化、多功能且满足学习者需求的学习空间。因此，学习空间模式的选择与开发作为建构混合式学习空间的重要环节，不仅关系着空间开发的组织方式和采用的开发模型，同时也对日后学习空间的功能性和实用性产生影响。目前，混合式学习空间的开发模式主要有三种：据点式开发模式、点轴式开发模式和网络式开发模式（图2-2）。

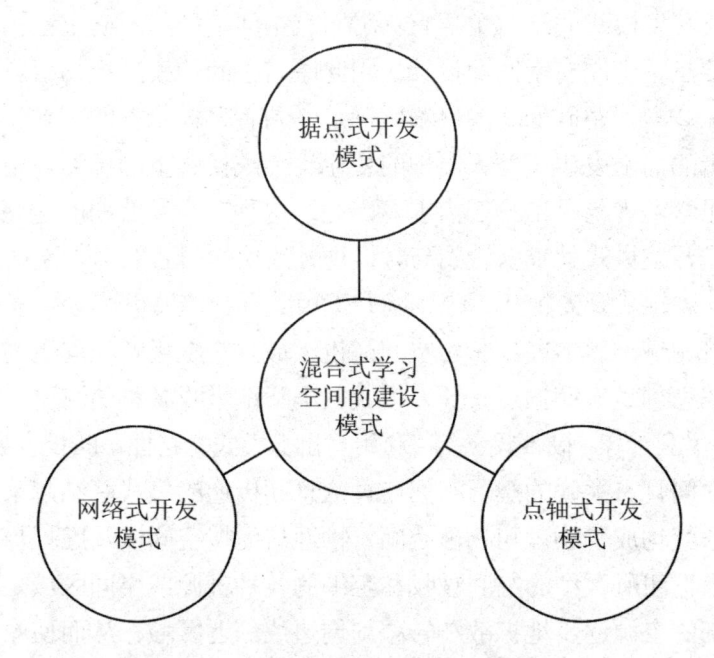

第二章　大学课程混合式教学模式的体系建设

图 2-2　混合式学习空间的建设模式

第一，据点式开发模式。据点式开发模式基于经济学领域中的极理论，通过为原有资源匮乏和技术落后的区域提供指引和辅助增长极带动该区域发展的一种空间开放模式。它的核心思想是不改变原有的空间模型，利用现有资源集中建设，不断地完善和改进原有空间，使构建后的模式满足学习者需求。据点式开发模式以学习空间信息资源、硬件设备以及师生需求的实际情况为依据，并在此基础上确定学习空间的结构与功能，将空间的功能建设建立在原有的模型基础上。利用这种模式开发的学习空间能够更好地利用原有的资源与技术优势，使所构建空间具有较强的突出性。

据点式开发模式的优势主要有：①风险小。它的核心理念是利用现有资源和技术设计以及完善原有的模型，不仅减少了投资的风险，而且提高了空间的实用性和功能性。②投资少。由于前期的准备工作已将实施方案、成本计划等做了合理的规划和制定，因此在后期筹备实施时就能够有效地节约工程项目的开支。③缩短开发周期，提高工作进程。这种开发的模式对数字化学习空间的建设在整体上已有了全面地了解和把握，并对其建设达成了一致，主要的工作是将现有资源集中于空间的建设，而不必考虑建设过程中的不可控因素。因此，该模式能够更好地缩短开发周期，加快工作进程。④适用于资源匮乏和技术落后的区域。

- 37 -

据点式开发模式的缺点主要有：①原有空间模型的不确定性。由于该开发模式主要是基于原有空间而设计，因此原有空间的模型极易给后期的开发造成隐患。②学习空间的功能性难以满足学习者日益增长的需求。信息化时代，学习者的需求发生了翻天覆地的变化，传统模式下的学习环境或空间已经不能满足学习者与日增长的需求。因此，这种在开发前期已建立好结构模型的据点式开发模式就难以做到与时俱进，致使学习者的需求无法满足。

第二，点轴式开发模式。点轴式开发模式同据点式开发模式类似，最早运用于经济领域，后扩展到学习空间建设领域。它是增长极理论的继承和发展，其核心思想是借助据点式开发模式，不断地吸收各种信息资源、信息与媒体技术、学科专家、硬件设备等，利用其自身模式的特性不断地发展和扩充，并将相互之间具有关联的学习空间通过信息间传递的模式联结起来。而这种联结的轴线就构成了物理与物理空间、物理与虚拟空间以及虚拟与虚拟空间的枢纽，当枢纽所联结的空间吸收和容纳的各种资源或空间区域足够大时，将会把内部的资源逐步地扩散和转移到周边或邻近区域，从而使原有的学习空间产生一种扩散效应，并利用其优势和特性形成一种扩大式的学习中心。例如，走廊、桌椅等都属于原有学习空间的外延学习空间。当然，随着网络技术的发展，这种外延学习空间的形式更加多样化，新的模式平台可以借助通信技术的手段成功地实现实体与虚拟空间的融合。

点轴式开发模式的两大影响——极化作用和扩散效应，都在一定程度上作用于数字化学习空间。极化作用是增长极周边或邻近区域的资源不断地向增长极集中、靠拢，使中心的学习空间规模、信息量和基础设施不断壮大，即能够吸引周边要素向增长极集中的行为。但极化作用不会永久性发生，这主要是由于带动学习空间之间发生相互关联的枢纽，即信息的传递渠道是一个双向流动的过程，它将各个学习空间的信息资源、科学技术、学科专家等不断地进行交互与传递，使增长极内部的资源在不断吸收的同时也扩展到周边空间，以带动周边领域的发展。点轴式开发模式最终希望形成一个由功能各异、形式多样的学习空间和空间之间产生联结的枢纽组成的数字化学习空间。

第三，网络式开发模式。网络式开发模式是点轴式开发模式的进一步延伸，是其点轴渐进扩散的结果。该模式的核心观点是点轴式学习空间发展到一定阶段，增长极的影响范围不断扩大，大多数的学习空间已形成了较为完善的结构体系，即具备丰富的信息资源、科学技术、硬件设备、学科专家等要素，

第二章 大学课程混合式教学模式的体系建设

若在此基础上进行网络开发不仅能够加强增长极与整个空间之间信息交互的广度、密度和深度,而且借助网络的优势能够增强外延学习空间的发展,促使增长极空间与周边空间的信息资源进行合理化的配置和组合,从而扩大学习空间内部的发展。

不同于点轴式开发模式强调以增长极空间发展为核心,网络式开发模式更注重学习空间的均衡分散发展,不断地将增长及空间的要素向周边扩散,以缩短网状空间内各学习空间的差距。因此,网络式开发模式一般适用于资金雄厚、技术先进、物资丰厚的区域,它不仅能够借助现有资源对原有的学习空间进行改造、更新,而且能够利用网络模式的优势加强点、面之间的信息交互,使其他空间也得到发展。由于网络式开发模式的核心理念是推进学习空间一体化发展,因此数字化学习空间在结构上呈现一种网状分布的形态。这是一个纵横交错的利用各个结点将各个空间的资源链接成一个结构完整、功能多样的体系结构,并通过技术和信息间的传递成功实现数字化学习空间的均衡化发展。

(2)混合式学习空间的建设体系。混合式学习空间的设计要满足学习者的需求,要综合考虑技术的最新发展,要与学习方式和教学方式相结合。学习空间作为一种信息资源,技术和服务整合在同一平台模式,竭力为学习者提供信息需求和知识学习的信息服务平台,其空间体系结构的构建可以从学习空间的建设、学习空间的资源和学习空间的运行机制三方面进行系统化的探究。

第一,学习空间的建设。物理空间的构建与布局是信息共享空间开展服务的平台。对于物理空间的规划,主要具备五项内容:①信息咨询服务台。一般位于学习空间主体楼层的核心区,提供专业参考咨询助理以及具备技术技能的专员等。②个人学习空间。包括电子阅览室和传统资料阅读室,提供个人学习所需要的空间和软硬件资源,如配备有桌椅、书架、计算机、分布式打印、无线网络、电源等设施。③小组协作空间。提供研究课题以及学习讨论所需的会议室,以及相应的软件资源和硬件设备,如计算机、投影仪、放映机等。④开放式学习空间。为方便小规模的学生学习和讨论或课题的培训等提供更为开阔和开放的电子阅览室。⑤休闲娱乐区域。集休闲和学习于一体,配备能够舒缓学生压力的设备,如沙发和茶几、饮料和食品等,使学习者在自主学习或协作学习的同时始终能够保持愉悦、舒畅的心情。

第二,学习空间的资源。学习空间的资源可以从两方面进行概括:①信息资源库建设和网站建设。信息资源库建设包括传统纸质形式的文献信息资源，利用科技手段建立的数字化资源索引数据库，零散、无序且具有价值性的网络信息资源（简称网络资源指引库）。网站建设包括主页、功能以及栏目导航设计三个板块，由于学习者主要采用网络学习方式进行学习，因此可在功能板块加入网络学习模块、资源库以及咨询服务模块。网络学习模块提供学习者必须学习的教学课程、学习软件、教案课件等相关资料；资源库则是包括各个领域信息资源且设置检索条实现本地资源，以及外地信息的一站式统一管理和检索。②学习空间的人力资源。一个多功能学习空间需要大量专家和专业技术人员的共同参与，除了能够提供学习空间硬件设施以及信息资源库，最具有支撑性的因素主要有参考咨询专家、计算机咨询专家、在线学科专家。参考咨询专家主要负责提供各类相关专业技能指导和帮助；在线学科专家将学习者和各类学科专家通过网络技术组建一个专业学科导航系统平台，并进行针对性的授业解惑。

第三，学习空间的运行机制。学习空间的内部机制一般分为三层，包括信息咨询服务台、内围支持层和外围支持层。信息咨询服务台作为学习空间运行的核心，其主要职责是为学习者提供指引和帮助，并参与技术性服务，其主要由参考咨询馆员、计算机技术专家、多媒体专家组成；内围支持层为学习空间内部的部门，由信息咨询部、技术部、参考服务部、教育指导部和管理协调部共同构成；外围支持层是学习空间外部的部门或机构，其主要职责是提供校内各院系以及校外相关单位的信息资源、智力资源和技术资源，将信息咨询服务台接收到的各类问题指派给相关部门和机构进行有针对性的处理，并将解答后的问题反馈到信息咨询服务台，最后由它传递给学习者，使其疑难得以解决，它包括学校内各院系的师资力量、教学设施等，同时也包括学校外部的智力和技术支持等。

二、混合教学系统

（一）混合教学系统的设计技术支撑

信息技术的迅速发展为混合学习提供了强有力的支持，也让混合学习的形式更加丰富、灵活、精彩，促使混合学习突破时空限制的优点更加突出。下面将主要论述混合教学系统的实时与异步交流、混合教学系统的虚拟现实技术、混合教学系统的智能课堂技术。

第二章　大学课程混合式教学模式的体系建设

1. 实时与异步交流

混合学习有多种形式，常见的有在线与离线、结构化与非结构化学习形式等，也包括自主学习和实时协作，在混合学习中，应用比较广泛的形式有实时交流和异步交流两种。实时交流是指参与网络交流的人员之间能够随时交流，像视频会议、聊天室等，随时随地可获取交流者的信息。借助实时交流的学习方式，可以让师生之间、学生之间在不同的地点，实现即时研讨、协作、答疑解惑、经验分享的。异步交流指的是参与者相互之间的沟通交流不是实时进行的，如通过论坛或发送电子邮件等方式，往往是沟通双方或多方发布信息后，接收会有一定的时间延迟。应该说，实时交流打破了教师与学生之间沟通的空间限制，异步交流解决了学生和教师时间不同步的问题。实时与异步交流能够更充分地利用学习资源，也能更加灵活地掌握学习时间，为混合学习者提供更多的沟通方式。

第一，聊天室。通常人们把聊天室叫作网络聊天室，聊天室可以让多个人在虚拟的网络中，同时在线沟通交流。同一聊天室的人，可以使用消息、语音、发送文章或视频等方式进行实时交流。在这个过程中，每名成员可随时看到其他人员发送的对话内容，也可以随时加入他们的交流中。聊天室一般有相对固定的聊天主题，交流过程中通常会有一名或多名主持人主持。

聊天室是混合学习可利用的很好平台，它可以帮助人们创建在线学习的方式。师生可以在指定的时间，进入聊天室，开展一个或多个不同话题的讨论。每名参与讨论的人员，都能看到其他在线人员的名字，也能看到他人发送的信息，大家可以随时提问题，也可随时回答他人的提问。一般通用的聊天室不用保存聊天信息，但混合学习的聊天室则需保留聊天信息。有的网络学习管理系统，也会提供聊天室这一使用工具。

第二，腾讯QQ，是一种即时通信软件。在国内，QQ是混合学习中普遍应用的软件，因为大部分学习者对QQ软件都比较熟悉，都有各自的QQ账号。QQ这一即时通信软件，能够提供QQ群、微博和QQ空间，可实现文件传送、视频通话等，也可收发电子邮件，能够和在线成员实时进行通信，交流各自的心得和观点，同时可实时提问或答疑。在集体研讨、信息发布、分组讨论或文件发送等方面，起到了重要的作用。

在混合学习过程中，通过QQ，在线学习者可以随时地实时交流，并结合各自需要，和其他学习者传递和分享学习资料。QQ通信，具有即时性，方便快捷，特别是视频通信功能，为混合学习创造了有利条件。

应用QQ即时通信的案例有很多，如"华师在线"，它是由华南师范大学推出的，通过QQ视频开展面试，由面试教师提问，参加面试的学生需要在规定的时限内回答。如果学生想学习某一课程时，可建立QQ讨论组，通过QQ交流信息。

第三，视频会议系统。又被称作会议电视系统，指的是两个或两个以上的人员，在不同的地方，通过视频会议方式，互传声音、影像或者文件资料，实现即时通信，互动沟通，从而达到会议的预期目的。视频会议系统是一种实时通信系统，和视频电话比较相似，现场可与会议中的人沟通、交流，也可看到会议中人的动作和表情，就像身处不同地点的人在同一个会议室开会一样。

通常情况下，视频会议系统包含硬件及软件系统，是借助现有的通信传输媒体，将会场的静态和动态图像、声音文字等多种资料传送至参会人员的计算机上，让不在同一地点的用户，通过视频方式交流，模拟大家在同一地点参会的情景。视频会议，可以让参会者更好地了解会议内容。

在混合学习过程中，视频会议系统的应用极为广泛，特别是对那些地理位置不同的学习者更为实用。通过互联网方式，进行远程教学或交流研讨，可以有效地提高沟通效率，提升学习效果。在网络远程学习中，视频会议系统是一种新模式，可以代替以往面对面的教学方式。目前，视频会议系统在政府、医疗、法院、教育、科技等领域应用非常广泛。

2. 虚拟现实技术

第一，虚拟现实系统的基本构成。虚拟现实系统分为硬件设备和系统软件两种。硬件设备主要包括五个部分，一是跟踪系统，二是触觉系统，三是音频系统，四是图像形成和显示系统，五是可视化显示设备。跟踪系统的主要任务是：对虚拟人的身体、头部和手部的位置和方向进行实时检测，将获取的数据传送给控制系统，形成根据视线不断变化的图像。跟踪系统分为三种类型，即电磁、声学、光学。触觉系统指的是用户可通过手或身体的可动部分对虚拟的物体进行操作，同时感受来自虚拟物体的相互作用。音频系统一般由语音、识别设备及音响合成等设备组成，通过听觉接收的信息，提升用户对环境的感受。图像形成和显示系统指的是模拟虚拟对象，并使其在设备上呈现出来。图像生成系统指的是用户在操作合成图像时，即时形成虚拟的场景。通常情况下，图形工作室会支撑图像生成和显示工作，保证系统高效率运行。可视化显示设备通常采用 3D 方式，呈现模拟图像及环境，对图像的清晰度和连续性有着较高的要求。

虚拟现实系统的软件种类繁多，如有桌面的虚拟环境系统，还有与工作站有关的虚拟显示软件系统，功能非常强大。虚拟现实系统所开发的应用软件，简单、方便、快捷，开发效率高。

第二，虚拟课堂教学。虚拟课堂指的是在虚拟空间里，以现实课堂为基础，构建出来的学习环境。教师可通过计算机网络，对学生开展各种各样远距离的教学活动，虚拟课堂教学拥有现实课堂的一些基本特征，有自己鲜明的特点，同时也是对现实课堂的延展、超越和创新。

虚拟课堂教学活动，从它与现实课堂的关系方面，可分为模拟、扩展和创新三种现实课堂类型。一是模拟现实课堂，可同步直播教学，也可以集体互动讨论；二是扩展现实课堂，可进行异步点播教学，也可以异步集体互动讨论或课外阅读文本资料；三是，创新现实课堂，主要是利用数字资源，开展个性化学习，也可以是以组织线上合作为主的小组学习或以在线互动为主的社会化学习。

在混合学习过程中，可以通过网络学习系统，进行虚拟课堂构建。虚拟课堂可通过白板工具、展示工具、小组工具等，并借助聊天室、课程地图等方式，有效传递和反馈模拟课堂的信息。

3. 智能课堂技术

将智能课堂技术应用在混合学习中，能够为学习者打造针对性的学习氛围，让学生更好地适应学习环境。在这样的环境中，学习者可以更加方便地获取与自身情况相适应的学习资源，让混合学习变得更便捷、更高效。

在混合学习这一领域里，智能空间技术中，智能教室有着广泛的应用。智能教室就是在现实中的教室中，融入多种信息显示设备、传感设备及计算机系统，将整个教室的空间，变成一个三维空间，实时进行交互式远程学习，让教师在面对面教学的基础上，直观地感受远程教学时的学生状况，与学生进行互动，就像参加远程学习的学生在自己的教室里一样。

近年来，很多教育机构和一些研究团体对智能课堂的研究非常重视。智能课堂也被称为智慧课堂。智慧课堂要具备声音识别系统，具备通信技术及音频反映技术等，也要拥有特殊的软件支持和一些辅助听力设备，可构建与真实课堂相类似的经验场景。智能课堂既需要拥有高素质的教师，也需要智能型的教学设备。实现智能课堂的基础和前提是课堂教学设备要做到网络化、智能化和多媒体化，同时要有高素质的教师，这些教师要能熟练掌握现代教育媒体的使用，并掌握现代的教学方法，这是智能课堂的重要保障。一般情况下，智能课堂系统需有计算机网络，同时配置数字投影仪、音响系统、视频输入系统及文件传送器等设备或工具。

比如，清华大学研发的智能课堂系统，针对普适计算技术研发，有教室、电脑两个空间，这两个空间是隔开的，而且是相对独立的。教室的前方和两侧各放置了两块投影板，放在前面的投影板用来展示教学材料，有触摸功能，教师可以通过数字笔在投影板上书写，也可以使用橡皮在投影板上擦除书写内容，作为远程学员，可以实时注意到这些改动。放在侧面的投影板，是给学习者使用的，侧面板上能够显示远程学员的学习图像。在教室中，会安装许多摄像头，目的是捕捉教师授课动作及教室图像，系统能够识别并解释教师的动作。

另外，加拿大多伦多大学开发出智能教室，可支撑可视化协作，是由安大略教育学院的一个研究团队研发出来的。这种智能教室可集成多项功能，并能呈现出该教室中各个不同设备的信息和学习者的位置等。智能教室可为学习者提供功能齐全的、个性化定制的学习环境，使他们参与到不同的混合学习过程中，同时可通过传感器获取到需要的数据并加以使用。在智能教室中，会设置许多可交互使用的电子白板，一块供给教师使用，其他的提供给小组成员使用。各个电子白板之间相互关联，可结合教学的不同需求，将小组成员使用的白板上展示的内容，发送到教师使用的白板上，这样可以让全班人员交互使用。同时，每个学员都有一个手持终端，可自行使用，小组成员之间也可以利用它进行通信，进而达到信息共享的目的。

在智能课堂中，混合学习方式让学习者拥有了可持续的、不受时间地点约束的学习环境，对个性化学习很有帮助。所以，智能课堂教学可以更好地解决不同学习者之间的差异化问题，营造公平、平等的学习环境，让学生有更多的发挥空间，同时获得教师更好的辅导和帮助，从而最大化地满足各个类型的学习者个性化的需求和目标。

（二）混合教学系统的网络教学平台

1. 网络教学及平台的支持

（1）网络教学的计算机辅助教育。随着网络技术、多媒体技术的不断进步，计算机在教育领域的普及和应用越来越广泛，计算机辅助教育（CBE）在信息时代现代化教育中的地位日益上升，显示出了传统教育所不能比拟的优越性。能否恰当地利用、掌握计算机辅助教育，已成为当今信息化社会衡量教育工作者是否合格的条件之一。

计算机在教育领域的各类应用通常被称为计算机辅助教育。计算机辅助教育包括两大方面：一是计算机的管理教学（MAI）已经用于学校的常规化日常管理和教学之中；二是计算机辅助教学（Computer Aided Instruction，简称CAI），作为现代教育技术中的主体内容正成为授课教师不可或缺的得力工具之一，下面以CAI为例进行阐述。

CAI是指在计算机的辅助下进行和完成的各项教育活动。教师利用计算机来进行多元化的教育教学工作，并且以对话的方式和学生讨论与教学训练、教学进程、教学内容有关的技术与方法。CAI能够有效地缩短学习的时间、提高教学效率和教学质量，实现最优化的教学目标，其不仅是针对集体学习，也能够单独为学生提供个性化、个体化的学习环境，通过人工智能、知识库、超文本和多媒体等计算机技术来实现。

第一，CAI网络教学的系统特点。

一是CAI系统综合应用了多媒体、知识库、人工智能和超文本等计算机技术，克服了长久以来传统教学方式片面、单一的缺点，使教师、学生与计算机共同构成了一个教学系统。

在CAI系统中，计算机对师生在教与学方面的助力有目共睹。这种助力就表象来说，即为学生通过输入设备与计算机进行"会话"：一方面，计算机通过监视器屏幕来呈现信息（文字、图形和动画等），有时辅之以声音输出；另一方面，学生通过键盘、鼠标或手触式屏幕，输入回答。具体而言，这种助力可通过以下几个方面展开论述，具体见表2-1。

表2-1 计算机对师生在教与学方面的助力

选择课题	课题的选择是学习开展的第一步，学生需要根据自身情况，通过CAI软件选择一个符合自己学习研究领域的课题进行研究
呈现序言以及教学信息	在确定课题之后，计算机会根据学生所选择的课题，呈现出与客体相关的教学序言和信息
注意教学信息	在计算机上呈现的教学信息需要学生进行记忆并进行理解

续表

提问	与传统教学不同，计算机教学更加自动化和程序化，学生需要根据计算机的指示进行相关学习。同时，计算机也会通过多方面测试检验学生的学习成果
反应	计算机的提问需要学生给予一定的回应，学生作出的反应能够展现学生自身的思考以及判断能力
评价反馈	在学生对计算机所给出的测验作出一定的反应之后，计算机会根据学生的不同反应进行合理的评价。与此同时，计算机也会根据评价的内容给出相应的反馈：对于表现欠佳的学生，计算机系统会指出其不足之处并且给出改进的建议；对于表现优秀的学生，计算机系统将进行表扬，同时给出继续努力的建议
注意反馈信息	计算机给出的评价和反馈基本都比较精确和合理，对于学生而言具有重要的意义，值得学生深入思考并根据评级与反馈的结果调整学习方式，以便提高学习能力
教学决策	作为教学实践与教学思维之间的纽带和桥梁，教学决策对教师的日常行为起着指导和组织的作用，是广大教师在教学过程中主观意志力的具体表现。CAI 的教学模式能够为教师教学提供借鉴，根据结果对教学内容等进行完善

二是 CAI 的特性。要想用 CAI 手段提高教学质量，应该了解 CAI 的特性，这样才能恰当地运用 CAI 手段。CAI 的特性具体如下：①综合应用动画仿真技术、编程技术、超文本、多媒体、知识库和人工智能等计算机技术，有效弥补传统教学方法的单一性和片面性缺陷。②运用计算机辅助教学可以激发学生的学习兴趣，为学生提供更加个性化的教学方式，同时也可以帮助教师提高课堂效率。③计算机辅助教学能够在一定程度上减轻教师的教学压力，也能够提高学生的学习兴趣。④CAI 教学模式与传统的教学模式相比较更具有优势，更加智能化、科学化。⑤利用多媒体手段模拟实现及表现概念、抽象事物等的说服力是当前我国其他教育手段暂时无法比拟的。

第二，CAI 系统模式。正如教师与学生构成的教学系统，可采用不同的教学模式。CAI 系统也可根据具体的教学目标和教学内容，采用各种教学模式。

一是讲解演示模式。讲解演示模式模拟了教师授课实景，利用计算机技术，根据授课内容的不同生成了相应的形象、语音、文字和图片。特别是在一些教师难以用口语阐述清楚的内容上，CAI 讲解模式优势明显。如模拟声波、模拟原子运动等，直观的模拟毫无疑问比抽象的讲解更能使学生容易理解课堂内容。

第二章　大学课程混合式教学模式的体系建设

讲解模式的另一个优势在于其能够集许多优秀教师的成功经验于一体，此外，讲解模式还能够避免传统课堂上的时间浪费（教师写板书、擦黑板所需的时间）。由此，既提高了授课效率，又提高了授课效果。

二是操作与练习模式。操作与练习模式的原理是通过大量的练习使得学生能够充分掌握某一类型的知识。这一模式的优势在于计算机执行重复命令的效率更高、成本更低，且不知疲倦。由此，既减少了教师的重复性劳动，又提升了学生的练习时长。

操作与练习模式运作起来也比较简单，具体而言，就是计算机出题，学生作答，计算机给出正误判断。如果回答正确，则给予鼓励，并进入下一答题环节；如果回答错误，则给予帮助，以使其能够完成本环节的作答。

在操作与练习模式下，学生的作答时间、正确率都会被如实地记录下来，从而形成可供参考的资料。有些系统还能够根据收集资料的反馈来调整题目难易程度、出题顺序，或是安排繁简程度不同的答案提示。

现行的 CAI 系统的操作与练习模式几乎都是与现行教材配套的，主要对课堂教学起辅助作用。其主要作用有三个方面：①帮助同学在课后巩固课堂所学知识；②承担题库功能，负责提供和批改课后练习题；③提供动态图像，以图像的形式直观展示教师难以用口头表述的内容。

三是个别辅导模式。个别辅导模式主要用于学生的自学。该模式的工作流程比较固定，总结而言，就是将预定的教学内容分解成诸多子模块，然后提取子模块中的知识点进行教授。接着通过问答的方式了解学生的掌握情况，并据此调整学生的学习内容及流程。在这一过程中，CAI 系统始终会保持对学生学习情况的监控，以决定学生下一步的学习目标。

计算机本身的许多系统软件和应用软件，如 Windows 或 Word 等，都备有在线个别辅导（热键帮助）功能。将 F1 键定义为进入帮助系统的热键，几乎是所有软件的缺省规定。激活帮助功能，就可以根据提示信息，方便自如地学习软件使用方法，对于初学软件使用者来说，这种形式比阅读印刷形式的使用手册还要方便。

四是模拟模式。模拟模式通过模拟现实或理论上的现实情况来实现对研究问题的直观展示，该模式的最大优点在于它能对每一个影响实验结果或理论结果的要素进行分解，学生可以通过改变某一要素来实现对整体结果的改变，从而直观地看到每一要素对结果产生的影响。当然，CAI 的模拟模式也需要在特定的领域中才能生效，CAI 的使用范围主要有四个方面：①难以用真实实验展现的内容，如行星运动；②成本过于昂贵的真实实验；③具有一定危险性的真实实验；④长周期实验。CAI模拟模式的类型具体如下：

实验模式。在保障效率和效果的基础上，通过对实验场景及要素的模拟，代替传统实验手段，并以更直观、更安全的方式与学生进行实验互动，从而达到提高学生参与兴趣的作用。该类型的模拟应用范围极广，无论是物理实验、生物实验或是化学实验，都可以通过该模式进行。

情景模拟。情景模拟有些类似于社会学模拟，主要是通过虚构社会情境，使学生不出校园便能够体验并应对各种突发状况，如自然灾害、交通事故等。

模拟训练。模拟训练可以帮助学生熟练操作技巧。如模拟飞机、汽车及轮船的驾驶，或者进行其他一些大型复杂系统的控制训练。

模拟过程。与情景模拟不同，在模拟过程的流程下，学生并非参与者，而是从客观视角对过程进行观察。当学生设置好每一个环节的参数后，便不再对流程的发展进行干预，而是观察整个模拟的自然动向，这一模式在生物实验中尤其常见。

模拟系统。模拟系统主要是指存于自然或社会中的各种系统，如行星运行系统、人口扩散系统等。

五是教学游戏模式。教学游戏模式尤其适用于带有竞争性的学习环境。例如，在期货市场的模拟课堂中，以资金为筹码的期货生意游戏往往能够极大激发参与者的热情，消除其疲劳感。学生在这一狂热过程中也完成了对经济学和金融学知识的学习。

六是计算机辅助测验模式（CAT）。计算机辅助测验模式，是CAI的一个子部分，也是CMI下的一个重要内容。CAT在题库储备量足够的情况下，能够实现任何要求下的题目排列组合，在不同考试中都可由CAT系统辅助出题。此外，该系统还可以将考题刻录在光盘上或U盘上，以此实现异地联动。

七是问题解答的模式。问题解答模式是具有一定神秘性的，通常问题的解答模式会给学生呈现出一个或者更多个问题的场景，最终让学生来加以判断和解决。这种神秘性能够很好地挖掘学生自主学习的驱动力。虽然问题的解答不是教育教学的全新概念，但是通过问题的一问一答，从巩固、应用和检验的途径方面来说，潜移默化地提升了学生学习知识的层面，问题解答能给学生提供一些创造性的、革新性的解决问题的机会和能力，可以更有效地鼓励学生发展高水平的解决问题和思维技能的策略。例如，以数值计算类软件作为问题解答的工具，可使学生将注意力集中在问题的建模和求解方法上，至于烦琐的运算则交给工具软件完成。当然，对计算中的积分限、步长值的大小可由使用者加以控制。游戏软件"仓库世家"就是通过使用者"推箱子"，来获得解决一般问题的技能。

八是发现式学习模式。发现式学习模式产生于构建主义，某种程度上而言，CAI 辅助系统也是该模式在计算机引用环境下的产物。不但具有逻辑性强的优点，还颇具趣味性，能够帮助学生理解理论知识、拓展知识运用渠道、发现知识运行规律。发现式学习模式对教师的角色转换提出了新要求，因为所谓"发现"并非凭空创造，而是在掌握了基本原理，有了基本研究意向以后才能实现。其中，研究意向的确定有赖于教师的引导。针对不同的学生给予不同的引导方式，是这一模式对教师工作提出的新挑战。除 CAI 系统外，许多计算机应用都可以使用发现式学习模式。在国外的教学实践中，发现式学习被广泛应用于由软件控制的实验模拟过程中。甚至在一些作图软件和统计分析软件中，发现式学习模式也广为流行。

九是远程辅导与在线讨论模式。远程辅导与在线讨论模式主要应用于远程授课场景。互联网技术的普及是这一技术真正成熟的前提。当前，任何人都可以通过一根网线与遥远的课堂进行连接，这一领域最为成熟的模式就是慕课。随着互联网技术的进步，原本的远程授课模式也进一步被充实，早已脱离了简单的视频互动。随着虚拟现实技术的进步，如何更身临其境的感受课堂，而非简单地听讲，已经成为众多 CAI 开发者所关注的问题。

需要指出的是，我们对虚拟现实技术的讨论仅仅是基于技术层面的，与具体的教学模式无关。尽管如此，我们也不能否认远程辅导模式的时代已经到来，而虚拟现实技术则是这一时代的未来。

（2）网络教学中 CAI 课件的使用。

第一，CAI 课件使用的需求分析，具体见表 2-2。

表 2-2　CAI 课件使用的需求分析

CAI 目标的确定	为了明确 CAI 目标，需要考虑的问题有：①在知识与技能方面训练应该怎样实现；②关注教学内容的重点难点有哪些；③传统教学方法不能解决相关问题的原因；④如何利用计算机辅助教学去解决传统教学所不能解决的问题

续表

选择教学内容	教学内容的制定应该由教学需求来决定，而传统教学方法的弊端也应充分利用计算机的优势来克服。在"模拟"的情况下，不应购买相对昂贵的设备，或者设置危险的实验项目。无论是让实验时间变短、让实验更高效，还是突出实验目的，CAI 都有它特定的优势之处，因为它简化了在计算机上的操作。但是，如果所有实验都用计算机代替，那么在提高学生的实践技能、增强学生的科学素养等方面也容易产生隐患。例如，对一些基本量具的使用，实验电路的连接、光路的调整以及零点的调节、误差的修正等实验技巧性的基础实验，只有通过具体地去操作，才能真正掌握
课件的运行环境	课件的运行环境在一般情况下，指的是软件环境和硬件环境两个方面。既要考虑教学系统中的教学用机型以及教学环境，还要考虑课件的开发环境，以便于课件的开发能够顺利完成。一般包括：CPU 的型号；显示器及显示适配器的指标；内存储器的容量；硬盘的容量；需要声卡、音箱以及视频卡等多媒体外设的情况；是否要求远程入网的硬件接口
进行可行性分析	考虑开发课件的条件和相关费用预算

第二，CAI 课件使用的脚本设计。

一是脚本设计的内容。脚本系统是一种用于描述脚本的方法和体系，脚本系统的建立有多种不同的方式，但不管是怎样的方式，都应达到有效地描述课件设计的要求，并有效地对课件制作者、使用者进行支援。

CAI 课件的教学序列是以帧面形式呈现的，每一帧面的设计和制作都是课件开发的关键。CAI 课件的最终表现形式也是反映在屏幕上的一帧帧框面，就像一张张卡片一样。因此，脚本系统中也应设置脚本卡片、规定脚本卡片的基本格式和编写方法，使其与屏幕框页一一对应。在一定程度上，可以认为脚本是脚本卡片的集合。

学习过程决定了脚本卡片的顺序，脚本卡片也表现了学习过程的具体阶段。脚本系统必须解释清楚学习过程，并且在每个处理阶段和学习过程中显示序列号或序列号的范围，而这些序号也需要与每个功能相对应。

在对课件进行设计开发以及后续的使用维护中，教学的控制策略和内容的结构、屏幕设计的方法和原则，以及课件开发的目的都非常重要。课件不仅显示了教学序列，选择了结构形式以及控制了学习过程，还提供了各框架面的设计和制作的具体方法。这些内容的说明通常由脚本提供，可以使课件得到更好的使用和维护，也为其二次开发提供了可创新的依据。

第二章 大学课程混合式教学模式的体系建设

二是脚本设计说明。脚本的设计说明主要是对课件的开发和使用过程中的事项和策略进行说明，以及对课件的设计理念进行详细解说，其一般在整个脚本的设计和编写中不断地完善和修正。通常情况下，在下载脚本卡片的编号之前完成，脚本的设计和说明为课件的使用和开发提供了指导性的方法和原则，其主要内容是以下几个方面，具体见表2-3。

表2-3 脚本设计说明的内容

课件设计登记卡	课件设计登记卡给出了课件设计的概貌。内容包括：课件名称、使用对象、学习形态（主要的教学模式）、学习参考时数、作者姓名及专业、通信地址及电话。编写脚本前应先通过登记卡对所开发的课件进行了解
课件开发的目的	课件开发的目的主要表现在研究和教学的两个方面。研究的目的主要是寻求开发课件和学习指导的方法，还有概念形成等多个方面的内容。在确定了研究目的之后，还应根据学习记录和结果分析提供说明研究目的的方法。教学目表明了课件对学习者的意义
目标和分析	课件的教育目标是指学习者在进行课件学习后需要达到的学习结果。目标和目标分析结果必须在脚本说明中列出。目标分析结果可以用目标分析的知识结构图或二维层次表的方法表示
课件的控制和结构	课件的控制和结构是指课件的控制过程和课件的主要层次。通常情况下会用流程图和图表的形式来表现出来
脚本的策略	脚本的策略，主要是指确定脚本设计的创意和原则，以及指导课件设计等意义，包含两个方面的内容：一是控制教学或者教学过程中的脚本策略，对脚本策略的说明和解释，以及对脚本的策划和编写也有很重要的作用，同时也可以帮助学习者更加容易理解课件设计的教学流程的教学内容；二是如何安排教学内容以及教学内容的具体事项
屏幕设计	必须在脚本说明中提供屏幕设计策略。其中包括确定屏幕排列的基本模式、屏幕的提示方法、屏幕应该使用的颜色等
使用本课件需要做哪些准备	为了有效地使用课件，应分别列出学生要准备学习前的一些具体事项和细则。举个例子，在使用本课件之前要对学生说明是否需要携带指定的参考书或者纸张和文具、学习资料等，以及学生在其专业知识方面具体要做什么样的准备等。在使用本课件之前要对教师说明是否需要要求其与其他的媒体结合起来使用，是否需要准备一定的实验器材，是否需要准备相关的教学工具等
用于课件开发的参考资料	根据学习内容、使用要求和课件开发的需要，还可列入其他的相关事项的若干资料

三是脚本设计的卡片。脚本卡片的格式是建立脚本系统的前提。有效的卡片格式有利于课件开发，同时也有利于脚本卡片的制作。

首先是脚本和卡片的基础格式。对于脚本和卡片的基础性要求是：表示课件运行的概况；对课件开发的支援；实现画面的设计；反映课件设计的结果。

框面的序列号、设计人员的名字、课件名称等应该表现在卡片的片头。

框面序号表示了该卡片与对应的框面在课件学习流程中的位置。框面序号的集合给出了课件的学习流程（教学序列）。

通常，卡片上给出了教学信息、评价信息、控制信息等的呈现内容、排列位置和呈现的顺序。

教学信息以虚线为界分为左右两侧。左侧用于画面设计，它与CAI过程中屏幕的实际呈现形式应完全一致，这种一致包含了内容及格式两方面。卡片左侧哪些内容应该在屏幕上呈现，哪些内容不予呈现，则由方角号说明，方角号以内的内容照原样显示，方角号以外的内容不予显示。卡片上仅给出了上方角号，它表示出框面上显示信息的起始位置。显示信息的终止位置不需特殊注明即可明白，所以不必标出。而屏幕显示中的各种要求与特点和对课件开发的指示及方法说明由虚线右侧对应的部分表示。

评价信息包括应答信息和标准答案。CAI过程中，学习者给出应答信息的位置应该是确定的，不能因框面而异。脚本卡片上，应答的位置由问号"？"给定，在其后显示学习者的应答。每一帧面上的问号位置应基本保持一致。

脚本卡片上应给出应答的标准答案。标准答案是面向制作者的，而不是面向学习者的，所以不应在屏幕上呈现出来，因此应填写在脚本卡片方角号界定的范围以外。通常标准答案列于应答位置问号的左侧。

课件中的控制方法一旦确定下来，就应当保持到最后一帧，不宜在中途对格式和内容进行改变。例如，以敲空格键进行控制，其屏幕底行控制提示为："请敲空格键继续学习"。它一经确定，课件中每一帧框面的控制信息都应以该内容、格式出现。这样会减少CAI课件的操作难度。

其次是脚本中的子程序。CAI课件中，某些显示内容、呈现方法、制作要求可能在多帧框面中反复使用。从提高编写教学课件的效率出发，可仿照程序设计中的子程序调用概念（在具体实现上是如此的），提供一种在脚本中的表述方法。不论哪一种框面，只要有需要就可调用，不必反复编写重复的脚本卡片。

脚本中的子程序内容可用＞SUB表示，出现该符号处的内容可被多次调用。脚本中调用子程序的控制用＞S表示，出现该符号时，表示要调用在其他地方已经定义了的功能模块。

第三，CAI课件使用的软件开发。课件的开发质量与CAI的效果直接相关。因此，CAI课件软件开发不仅要求开发者有着高水平的计算机技术，还需要开发者了解教育的实质内涵。在美工人员发挥自身创意，设计完画面以后，开发者还应该向课件用户示范操作，听取他们的反馈意见，并及时反馈在课件开发中。在开发过程中，工作人员可以在各个环节进行适当的调整和修改，直到用户满意为止。

一是教学软件结构设计。脚本系统基础的奠定，在设计教学软件的结构时，可以成为有效依据。这时需要考虑的事项就是实现技术上需要注意的细节。例如，课件应该设计成怎样的风格，课件的布局应该怎么设计，如何利用多媒体，视频的内容，动画的形式，任何形式的音乐，语音效果，图像、图表所需要的分辨率和颜色数，用何种形式的人机交互等。在此基础上编写系统分镜头（借用影视创作中的术语）脚本。以上内容都是为了实现所要呈现的教学效果。

在充分考虑并实现了上述技术细节后，若脚本设计有不合适之处，还要与脚本设计人员协商修改，以便CAI课件的开发既符合原脚本要求，又保证技术上的实现。

二是准备网络素材。在CAI的课件设计上，要采编、制作和收集制作课件过程中所需要用到的网络素材，具体的可以做如下的考量：如果已经有了网络素材的数据库，比如光盘储存的最原始的资料库或者自己过去制作、收集的资料，就可以尽可能地从其中取出、寻找相关的所需要的材料或元素，而已经有的素材只能有一部分满足其需求，那么可以借助一些工具进行编辑、裁剪和修改等，以满足应用的要求。

这样会加快课件开发的速度，降低开发费用。如果找不到网络素材，但有相片、画册、或附于图书中的图形等，可以借助图像扫描仪录入。一般而言，底片比照片好，照片比画册好，画册比一般教科书的附图好。同时有几种形式原图的情况下，通常应选用质量最好的。但如果教学要求突出某一关键部位，也可能会选用一些轮廓图形，而不用图像质量虽好，但关键部分不突出的照片。需要注意的是，经扫描仪采集的图像，一般会有干扰信号，不清晰、有色彩失真且包括不需要的图像边界等，因此，需要利用图像编辑软件（Photoshop等）进行编辑加工。如果需要制作图形、图像动画，就需要请美工技术人员进行设计、运用计算机工具软件进行制作。

如果需要影像，应先从资料库中选择已有影视片，可以摘录一部分转成 AVI 文件。通常 CAI 课件所支持影像资料均为 AVI 格式，但目前已经出现了支持 MPG 文件格式的视频压缩卡（Videoking）和相应的软件，需根据实际情况作出选择。如果需要制作影像材料，需要先请摄影人员摄制教学片段，然后用影像媒体制作软件（要与视频压缩卡配合）制作音频视频交错格式（AVI）文件。

如果需要音响、音乐和语音，同上述图像、影像素材的采集原则一样，先查找已有的网络数据库，如果找不到，再考虑制作。对于音乐，先考虑乐器数字接口（MIDI）是否符合要求，因为 MIDI 存储容量小，而且容易编辑。如需录制语音，要利用专业的录音室并请播音员录制，才能保证高质量的语音。

素材加工者需要根据脚本制作出画面，其主要任务是使这些画面匀称、美观、悦目、清晰，又风格统一。脚本提供了各种素材建议的位置，但只是作为参考。素材加工者可以从总体布局的考虑进行必要的调整，他还有责任对这些素材进行修改和加工，以满足画面整体的需要。当然，美化一下画面的背景、适当添置一些装饰和填充用的图形也是必要的。但要注意应以突出和衬托画面主题为目的，不能喧宾夺主、冲淡了画面要表现的内容。在没有把握的情况下，素材加工者对画面作出改动前应主动征求脚本编写者的意见。

素材的种类很多，所用的工具各不相同。若有可能，可对素材加工人员进行分工。有的负责绘制图形和加工图像，有的主要制作动画，有的专门从事视频采集和编辑，有的则从事声音素材的选择、采录和编辑等。

三是进行课件开发。由于各种网络创作工具软件的出现，使得软件开发的难度降低、开发周期缩短，提高了软件的开发效率。尽管如此，软件开发人员还是应当熟悉计算机的硬件和所采用的开发平台，提高开发效率和质量，解决开发中遇到的各种有关计算机软硬件的技术问题，保证所有开发用的计算机都能正常运行。

在课件的开发中，软件开发者的任务是将许许多多的画面有机地关联起来，彼此之间建立各种交互机制，编制工作运行需要的程序（可以利用工具软件中的脚本语言），构建必要的数据库和检索、查询及导航手段，完成作品打包、刻录和检测等工作。

在进行计算机网络作品的开发时，每一个工作人员不仅要对自己之外的工作有所了解甚至熟悉，还要精通其中的一项或者多项技术。因为计算机网

第二章 大学课程混合式教学模式的体系建设

络作品的开发是一个系统的工程，需要各种专业人员协同努力才能顺利完成，这里既需要相互配合也要明确分工。最终建立一个长期的、稳定的、和谐的工作集体，从而产生高的工作效率，制作出高质量的作品。

四是软件的测试。在基本完成教学软件开发之后，交给专业教师在教学中试用。如果课件是操作联系型或者个别教学型的课件，就需要收集学生的使用意见，组织学生适用，以此来对课件进行修改和改进；如果课件是讲解演示型课件，那么由课件设计的教师首先使用，通过教学实践来检验整体是否适合和使用，如果不适用的话，先记录下来以便于在修改时做参考用。一般情况下，以上的过程反复使用几次之后，基本上就能使课件成型。在课件成型之后一直到整个课件生命使用周期结束，即停止使用之前都要对其进行改进和维护的工作，这是因为课件成型后面临着一个分析与评价的过程。

如果制作的是一个面向市场的网络作品，在出版之前必须经过严格的测试。严格的测试对于一个作品是绝对必要的，它将保证在使用中不会发生错误。作品测试一般分为两个阶段，具体如下：

首先是 α 测试。作品完成后，其测试内容交给一部分经过挑选的用户进行初步的测试，除要观察作品是否达到了预期的目标、是否有用、是否易用、是否爱用、是否好用之外，还要检查测试内容有没有存在一些技术性的错误。选择测试者应当是与制作无关的人员，最好是心目中的典型用户。这些用户的印象和感觉是最重要的反馈信息。能否听到中肯的反馈意见，能否听进这些意见是十分重要的。

其次是 β 测试。β 测试是作品最终的测试，是准备接受公众最后审视的版本。因此，应当先聘请用户代表来试用。试用的计算机硬件配置应当是多种多样的。当事人应当事先准备设计精心的测试表格，这是为了更好地得到全面的、客观的反馈信息，以便于更好地分析和综合公众的反馈意见。

要鼓励测试者努力破坏作品，检查所有的路径，采用一些让人意想不到的手段来进行试验，比如多次单击鼠标、键入一些不必要的数据、乱用控件、使用一些罕见的操作以及毫无目的的漫游等。测试内容通常包括：①安装测试，可否在不同场合顺利安装，安装文件是否太大等；②内容测试，内容是否正确、恰当，是否有科学性错误等；③兼容性测试，在各种不同的机器配置下能否正常运行；④功能测试，各种操作和链接是否正常，有无莫名其妙的等待、死机等现象。当作品经受了严格的测试后，就可以正式推向市场了。

五是软件的评价分析。教学评价是教学和学习过程的重要组成部分，不仅要对学生成绩和素质进行评价，还要对教学本身进行评价，衡量教学是否具备有效性，CAI 还要对课件呈现的效果进行评价。在很大程度上，这能提高 CAI 应用水平。我们本次讨论的重点不是 CAI 效果的评价，这里只说明软件本身的评价问题。软件评价方法整体上有三方面的标准，即教育内容、教育质量和软件技术，主要要求如下：

首先，教育内容。课程内容是否正确对于教学来说是非常有价值的。此外，课程内容是否适合学生的较短性需求，是否符合教师的教育规则，是否符合教育教学的原则，教学内容的模拟是否真实等都是非常重要的判定信息。

其次，教育质量。在教学过程中，是否制定了合适的教学目标，教学目标的实现是否可以通过该软件达成。对学生来说，教学内容的难易程度要适当，教学设计应该激发学生的学习兴趣，促使其积极主动地去学习，培养学生的学习能力。不仅如此，还应该明确有效地对学生的提问做出应答，支持课件呈现进度和顺序的调整功能。

最后，软件技术。软件技术需要注意三个方面：①简单的软件安装和启动、灵活的控制、在线帮助、简单的输入、简洁的显示屏幕提示等，让软件使用更具便利性；②掌握软件质量，包括软件中所需的各项因素的质量；③软件环境的容错率是否达要求、操作错误能否处理、响应错误如何处理、软件是否可靠等，其中软件环境达标与否尤为重要，主要包括硬件和软件环境是否能够达到要求、软件商品化程度如何等。

CAI 软件评价前应该确定评价标准，绘制评价表格，对评价指标进行量化。随后让教师以及使用课件的学生，还有其他的同事对 CAI 软件进行评价，根据他们的体验填写评价表格，提出综合意见。这种评价方法目前还处于探索研究的阶段。

第四，CAI 课件使用的屏幕画面。画面设计可以直接影响用户的感受，从某个角度来说，画面设计也决定了作品的成败。CAI 应用的屏幕画面设计具体包含如下方面：

一是屏幕画面文字设计。屏幕画面文字设计要少而精。文字是一种抽象的符号，是人类交流的最重要的工具。文字表达内容丰富，在传送信息为主的网络作品中担负着主要角色。但是一幅画面的容量是有限的，这就需要对所要表达的内容进行高度提炼、反复推敲，要用最少的文字和简明的图像表达尽可能多的内容。完全没有必要把书面文字几乎一字不落地搬上屏幕，当然准确的概念、定义以及规律的描述除外。尤其是标题和按钮上的文字更要简明扼要,以准确的表达为准。屏幕画面文字设计要注意文笔流利,生动亲切,字数要少,字形要大,文本占据的屏幕的位置要适当。如果文字较多,可以采取两种方式:采用翻页或滚屏的方式;链接新的节点。当用户需要进一步了解内容时,通过点击的方式弹出另一屏画面。

二是屏幕画面要精美生动。网络作品呈现在屏幕上的画面需要精益求精。好的文字内容加上美丽且生动的画面和构图才能引起使用者的兴趣,产生强烈的感官刺激。为达到这一目的,可以做如下考虑:

首先,配合内容加上精美的插图。采用与内容相协调的背景或边框。背景是衬托主题用的,不可喧宾夺主。过于鲜艳的背景可以适当做淡化或虚化处理。

其次,如果能有与内容相关的动画或视频,就会提高画面的渲染力。至于装饰性的动画就不宜太突出。此外,一幅以文字信息为主的作品,动画和视频也没有必要太多。精彩的手段要用在关键时刻,为生动而生动往往会适得其反。

再次,画面的色彩应尽量避免饱和度高的颜色,否则会给人以不舒服的感觉。

最后,画面的构图比例一定要均衡和相对来说匀称,整个作品的风格要在变化中追求一种统一之美,均衡之美,使每一个用户在进入每一个分支的时候都有一种美的享受和新鲜的感觉,这就要求在审美上一定要过关,从而展现出一部完美的作品。

三是屏幕的画面要注意合理的应用交互手段。交互是用户参与和控制的一个接口,是用户和计算机进行对话的重要手段,多媒体的精华正是具有交互性。最常用的交互手段一般如下:①按钮交互。按钮交互可分为非常规按钮和常规按钮两种。而非常规按钮的交互,则是将图形、图像设置成热对象或热区,起到按钮的作用。②菜单交互。菜单交互是人们与计算机交谈的主要形式。为了节省屏幕的空间,常常采用下拉式菜单和弹出式菜单。当菜单不使用时,菜单可以缩成一个小的选项。③条件交互。在有些场合,要求用户给出一个特定的响应,例如:要求回答某一个问题时,答错了或者答对了,给予不同的回应;或者要求用户必须键入一个密码,当密码键入正确时才能进入下一页的项目或者内容。

2. 网络教学的现代化评价

网络教学评价一般情况下包含的内容是对网络教学过程中的学生、教师教学管理服务和学习的支持服务、教学资源、教学环境、教学方法，以及教学内容等诸多因素的全面性评价，网络教学评价对网络教学质量起着至关重要的决定性作用，采用相应的评价方法，并最终作出价值性的判断和决策。需要指出的是，一般情况下，网络教学评价主要针对的是教学资源以及学习的支持服务评价、学生的学习评价、教育教学的评价等。

（1）网络教学评价的内容。课堂教学评价主要是从教师、学生、教学内容和媒体四个方面进行的。网络教学的主要目标是给学生提供学习的资源、途径和方法，使学生获得技能与知识，最终实现个人的全面性发展。网络教学评价包括对教师、学生、网络学习资源、网络学习支持服务方面的评价。

第一，网络教学对学生的评价。学生是学习活动中的一个重要主体，因此网络教学更应该注重为学生提供灵活的、丰富的、更加便捷的学习途径、学习方法和学习资源，使得学生获得知识和技能的双向提升，提高学生的综合素养，促进学生全面、和谐、健康发展。

一是学生学习过程的评价。现代教育评价理论已经跳出仅针对学生学习结果进行评价与测量的窠臼，针对学习过程的评价受到日益广泛的关注和重视，从而为及时反馈、改进教学提供依据；通过对学生在学习活动中的表现进行监控评价，也能够了解学生学习的积极性、主动性、态度、风格等不易直接观察而又对学习至关重要的方面，从而为学生提供个性化的服务与帮助。此外，对活动或者过程的评价能够帮助学生找到努力的方向，能够使其清晰地了解到个人的学习状况，从而提升学习质量，取得显著的学习效果。对学生学习过程的评价主要包含：对学习参与学习情况的评价，对学生资源利用情况的评价，对学生学习态度的评价。

首先，对学生参与学习活动情况的评价。学习的过程就是学生与教学的其他要素进行交互的过程，学生参与教学活动的行为即为学习效果的表现，对这些行为的评价可有效调控学生的学习。

借助网络交流工具，学生可以收获更加丰富的学习活动，教师可以利用平台统计学生与线上教学资源、其他同学以及教师交互对话的频率，还可以通过网络平台统计讨论区中的发言数量。另外，网络平台还可以显示学生提问题的种类、数量和提供解决方法的次数，使教师能够对学生的学习情况有更加全面的了解。

其次，对学生资源利用情况的评价。网络环境为学生的学习提供了丰富的资源，但并非每个学生都能在资源利用方面达到优秀，如果不善于利用资源，学生很有可能会迷失在庞大繁杂的信息海洋中。

例如，教师可以通过网络平台上展现的学生登录时间、注销时间，确定学生利用网络平台进行学习的时间，也可以从网络课程内容的浏览数量、浏览范围方面，了解学生所学习的课程内容和学习进度，并借此掌握学生对相关内容学习的广度和深度。除此之外，教师也可以利用学生向问题中心提交的问题和解决方案，在讨论区发言的情况以及发表的资料，甚至是对网络课程的修改、建议等，了解学生学习的态度、对学习主题的理解、问题的解决情况等。

最后，对学生学习态度的评价。通常，态度是由三种具有层次性的心理成分组合而成的，这三种成分分别是：认知成分，主要是对事物的了解和评价；情感成分，主要是对事物的喜爱或厌恶程度；意向成分，主要是反应倾向、行为的准备倾向或行为的准备状况。

特定的学习态度并不决定特定的行为表现，但学习态度在一定程度上会导致学习行为的某种趋向。

二是学生学习结果的评价。对学生学习结果的评价，主要是通过对学生进行网络教育之后，学生完成任务的情况、达到教学目标的程度、达标测试的成绩、实践作品的优劣、信息素养的提高和创新精神的培养等各种学习结果的评价实现的，依据这些评价，可以判定网络教学在教育教学中的效用。学生学习结果的评价具体见表2-4。

表2-4 学生学习结果的评价

学习目标达成度	学习目标达成度是学习目标的实现程度。通常，可以通过设计各种测验来对学生的知识发展变化进行评测，以达到评价学生学习目标达成度的目的
任务完成情况	对学习任务完成情况的评价主要从学习任务的完成程度和完成效率方面来考查。在学习活动中，学生讨论问题、与他人交流对问题的看法、自身思考问题、收集与问题相关的资料、提出问题的解决方法、对问题下结论等都是任务完成情况的表现，整个过程可划分为三个阶段：问题的提出、问题的解决和对问题解决方案的评价，对任务完成情况的评价既可从这三个方面展开，也可从解决问题的每个步骤入手进行评价

续表

达标测试	达标测试就是根据测试目的，让学生在规定的时间内，按指定的方式，解答教师预先准备的测试题目或量表题目。测试结果用数值的形式表示，是更全面评价学生的基础。达标测试是教学评价的一种测量手段和资料收集手段，主要有成绩考试、水平测验和诊断测验等类型。其功能主要有：鞭策与激励学生的学习、改善教师的教学、评价教学的效果等
实践作品	在网络环境下，教师通常会采用任务驱动的策略来进行教学；网络环境下学生的学习具有很大的自主性和自由性，但是这种自主性是在一定的教学目标下实行的，并不是随意和任意而为之的
信息素养	在网络教学中，对学生信息素养的评价主要来自以下三个层面：①例如使用信息工具的能力，包括对搜索引擎、浏览器、文字处理工具、电子表格软件、多媒体课件制作工具的使用，以及获取和识别信息的能力，即能在网络的信息汪洋中找到自己需要的信息，并且根据信息进行使用、识别和批判的能力；②信息知识，一般指一切与信息有关的知识、理论和方法，例如：对信息社会的影响力，信息、信息化的性质等方面的理解与认识；③信息伦理道德和信息意识，信息伦理道德是针对当今网络信息泛滥，信息垃圾和信息滥用行为的肆虐而提出的，对信息社会的了解以及信息社会对自己行为的要求、对信息的敏锐力等
创新精神	培养学生的创新精神主要从培养创新意识、创新思维能力、创新实践能力、创新品格等方面着手

第二，网络教学对教师的评价。现代网络教育颠覆了传统教学模式中"教师为信息传递者，学生为信息接收者"的情况，逐步实现了教师向作为学生合作学习过程中的协调者和组织者、学生学习过程中的评价者和指导者、网络教育活动的研究者和管理者，以及学习资源的开发者和设计者的方向转变。

现行的网络教学活动在教师对学生进行指导和帮助、指导学生对学习资源的利用以及教学活动的组织三方面提出了更新、更高的要求。教师不仅需要对网络教学环境有更加全面、深刻的认识，充分发挥网络环境的功能，还应该根据学科的特点和学生的实际情况，充分激发学生的积极性和主动性，使得他们能够合作、探究、自主学习。具体来讲，现代网络教学对教师的评价主要包括以下三个方面：

一是教学活动的组织。教学活动是网络教学过程中的重要环节，教学活动组织得好与坏直接关系到网络教学质量的高与低。因此，网络教学评价应重视教师对教学活动组织的评价，具体可从八个方面进行：①教师是否及时调整和引导学生行为，激发学生学习兴趣；②教师是否关注学生的各种学习表现；③教师是否针对不同学生的能力为其设计不同程度的练习或作业；④教师是否及时批阅学生练习或作业，并给予个性化且针对性的反馈意见；⑤教师是否在学生遇到疑难时给予及时的引导与帮助；⑥教师是否有效地组织学生参与讨论区的交流和讨论；⑦教师是否根据网络教学系统对学生发言人数、发言量、发言时间和讨论情况等统计结果进行有效分析；⑧教师是否根据分析的数据做出精准决策，如为学生提供适时的关注和恰当的学习方法与策略指导等。

二是学习资源的提供。学生学习效果的好坏在一定程度上与教师是否提供有效的基本学习资源，使学生获得更多的知识和技能有关，与教师是否提供与课程或专题相关的扩展性资源，帮助学生深入探究某个问题有关，与教师是否及时更新相关的学习资源有关。对学习资源的提供要从量和质两个方面进行综合评价：①教师要为学生提供丰富多彩的，与学科相关的学习资源，开阔学生的视野，增长学生的见识，满足他们个性化需求；②教师应对网络资源进行加工处理、去伪存真，使其具有序列化、逻辑化的特点，在方便学生对学习信息进行检索的同时，也提升了学习效果。

三是学生成绩。学生成绩在一定程度上反映了教师教学的水平和能力。为此，可以结合相关内容对教师进行评价，具体可以从两个方面进行：①教师是否根据学生平时的测验练习、实践作品、考试成绩进行多元评价；②教师是否结合了多种评价方式对学生成绩进行评定等。

第三，网络教学对学习资源的评价。

一是现代网络学习资源的类型。整合资源包括微课、优课、网络课件、虚拟仿真教学资源、在线开放课程等形式。网络学习资源包括网络上所有可能对教学活动有帮助的信息资源，强调多种媒体形式的有机呈现，大量的网络学习资源形成了一个高度综合、集成、数字化的学习资源库。

二是网络学习资源的评价内容。网络学习资源的质量是反映网络教学质量的重要指标，是学习内容的集合，是学生直接与之发生交互的对象。因此，对网络学习资源质量的评价是网络教学评价不可缺少的重要组成部分。通常，对网络学习资源质量的评价主要是对网络学习资源的目标与内容、结构与功能、超链接与导航、多媒体表征与素材质量以及技术规范的评价。网络学习资源的评价内容见表2-5。

表 2-5　网络学习资源的评价内容

对目标与内容的评价	对目标与内容的评价主要是看教学目标是否清楚、可实现，教学内容是否具有科学性和教育性，是否能够激发学生学习的主动性和兴趣、调动学生参与交流与讨论的积极性。除此之外，目标能否因人而异、内容能否及时更新也是评价的重要参数
对结构与功能的评价	对结构与功能的评价主要是看网络学习资源的组织与呈现是否结构紧凑，是否具有系统性和逻辑性，是否能体现教学的引导作用，是否有利于学生对知识的接受和参与
对超链接与导航的评价	对超链接与导航的评价主要看导航是否合理、便于使用，是否能够清楚地帮助学生定位自身在课程中所处的位置，而不致发生网络迷航现象；对超链接的评价则主要看其是否清晰一致、具有学习过程记录功能，是否便于学生随时进入学习内容、实现同化与顺应的过程，并完成对知识的意义建构
对多媒体表征与素材质量的评价	对多媒体表征与素材质量的评价主要是看媒体形式是否丰富，媒体与内容是否具有内在的一致性，即采用特定的媒体对特定的教学内容表征是否是最合适的，是否允许不同风格的学生以个人偏爱的方式进行学习，是否允许学生从不同的角度实现对同一内容的探究学习，素材是否经过加工整理、是否丰富多彩、符合教学需要等
对技术规范的评价	对技术规范的评价主要看所使用的技术是否具有通用性，符合特定的技术标准；是否具有可扩展性、稳定性，能够支持不同的学习策略，便于学生获取信息并对信息作出加工处理

第四，网络教学对学习支持服务的评价。在网络教学中，网络是媒介和基础，是教师、学生及学习资源之间联系的纽带，它使得教与学的活动在时空上分离。如果网络学习支持服务出了问题，那就意味着教师、学生及学习资源之间的联系被割断，网络教学将无法进行。因此，网络教学的实现需要可靠、安全的网络教学平台和网络学习支持服务。在开展网络教学前，要充分考虑网络学习支持服务的安全性、稳定性、便捷性，以及它对教学交互和教学策略的支持能力等方面的问题。网络学习支持服务既包括以物为主的网络教学平台，也包括以人为主的学习支持服务。只有网络学习支持服务系统具有良好的功能，网络教学才可能获得成效。

一是网络学习支持服务的评价。网络学习支持服务的评价主要包含信息技能培训服务、信息技术人员提供的系统运行服务等，其主要指对开展网络教学过程中提供的各类服务的评价，也包括教师给学生提供的教育教学指导服务。

二是网络教学平台的评价。教师的备课工具加上教师的备课平台对大

第二章 大学课程混合式教学模式的体系建设

量的学习资源进行系统性加工整理,从而为教师提供更加快捷的资源检索、组织手段,方便教师展开教学活动。实时交互授课系统则借助了网络技术构建了一个从规模上来说可以扩大可以缩小的虚拟教师,帮助师生之间进行实时交互。学生学习平台主要为学生提供了文字交流、视听以及多媒体功能的场所。

对网络教育教学平台的评价主要来自教学系统的评价和技术系统的评价。教学系统是指平台能够实现讨论学习、探究学习、协作学习和自主学习等功能的集合。技术系统是为教学提供的技术性支持平台,即网络系统。教师的答疑解惑、网络的测试情况、相关的资料学习等功能的方便作用。收集的评价数据主要包括系统工具利用率、系统资料的丰富程度、系统稳定的工作时间等,这些数据可以通过教师、学生、管理员的问卷调查和提问回答等方式获得。

(2)网络教学评价的特点与功能。第一,网络教学评价的特点。网络教学评价与传统教学评价相比有其独特的个性。例如,在评价目标方面,网络教学评价以提升学习者素养技能、促进学习者发展为评价终极目的,而传统教学评价主要为了甄别和选拔;在评价内容方面,网络教学评价更侧重对学生核心素养的评价,而传统教学评价重点考查学生对学科知识的记忆和理解;在评价方式方面,网络教学评价采用新兴智能处理技术,实现评价数据的收集、分析,以及结果的反馈,并有机结合量化评价和质性评价,而传统教学评价方式相对单一,以纸笔为主,注重量化结果。

当前,云计算、大数据、物联网、移动计算等技术被广泛应用,网络教学环境大幅改善,不断推动网络教学评价朝着智能化、智慧化方向发展,使得现阶段的网络教学评价具有不同于以往的特点,具体如下:

一是利用大数据。在当前这个数据为王的时代,数据成为重要的无形资本,它为教学评价,尤其是网络教学评价提供了崭新的思路。大数据能够收集在过去不可能集聚起来的反馈数据,这些数据蕴藏的重要信息对提高教学有效性等具有重要作用。通过对网络教学系统采集的大数据进行挖掘和分析,可以探索教学评价、学习内容、学习方法等变量与学生学习效果的相关关系,使得教学评价更加全面、客观,进而使得了解、评估、预测教学行为更加简单、精准、科学。

二是注重学习分析。网络教学评价数据来源广泛,数据集大,数据类型繁多,数据更新速度快,势必要采用学习分析技术进行科学处理。也就是说,以数据驱动的网络教学评价必然包括大量以不同目的命名的"分析"。网络教学评价依托学习分析为学生提供实时行为和内容活动反馈，以及社交网络信息等分析报告等，主要目的在于优化学生的学习进程。

通过数据进行学习分析，可分析出其背后的原理，进而为不同的学生设计个性化的学习方案，推送不同的学习资源，优化和改进不同学生的学习方法。

三是强调过程动态性。评价不仅要在学习过程结束后进行，更要贯穿学习的全过程中。网络教学评价强调对网络教学的过程进行实时监控，利用即时的反馈信息来指导、调控，甚至补救网络教学与学习活动，不过分追求目标的标准化和方法的规范化。因此，网络教学评价强调实时动态性，注重评价过程的对话性、评价标准的多维性、评价目的的发展性、评价方式的多样性、评价机制的激励性等，从而实现网络教学系统和网络教学评价系统的无缝衔接。

第二，网络教学评价的功能。网络教学的评价机制具有一定的激励、调控、诊断和导向的功能，具体表现在以下的方面：

一是激励功能。网络教学的评价激发了学生和教师的竞争欲望，使教师和学生认识到了自身存在的不足，也发现了自身的优势，使他们的内部动力和主观能动性不断增强，在追求更好的评价结果的同时起到教学相长的效果，除此之外，各种的评价机制和结果还可以激励开发者对教学支撑平台的设计进行优化。

二是调控功能。通过将网络教学过程合力、全面、科学地呈现给使用者和教育者，网络教学评价可以对教育教学活动提出建设性的意见和建议，以达到对其改进和调整、控制的目的。

三是诊断功能。网络教学评价的诊断功能是指通过对评估与分析网络教学过程中教师和学生在线行为等因素，对网络教学实施过程中存在的问题进行归纳总结和分析，从而整理出当前网络教育教学活动中存在的不足和问题，以及问题的具体成因，最终提出相应的修改意见和建议。网络教学评价就像一张教育成果晴雨表，时刻诊断着教育教学，监控着教育教学的每个过程。

四是导向功能。网络教学的评价导向功能是指网络教学评价本身所具有的引导性评价对象向着理想目标进步的能力和效果，这是由评价标准的方向来决定的。因为在网络教学评价标准的具体规则中制定了评价各个方面所占的比重，具体规定了评价的各个方面内容。

（3）网络教学的评价阶段。网络教学评价是一个动态的、循环往复的过程，它需要教师、学生、管理者在使用过程中，通过论坛、问卷、访谈记录等形式不断进行评价。大数据、学习分析、可视化等新型网络教学评价方法正冲击着传统评价方法，并受到专家学者以及一线教师的关注。

网络教学评价过程一般包括四个阶段：评价反馈、评价实施、评价分析、评价设计。每一阶段都有相对的操作：评价设计阶段包括明确评价目标、分析评价内容、确定评价主体、选择评价方法；评价实施阶段包括制定评价标准、收集评价数据；评价分析阶段主要是指分析数据，得出结论，形成评价报告；评价反馈阶段主要是指反馈评价意见，并根据反馈意见，修改、完善网络教学。网络教学评价过程的具体内容如下：

第一，评价设计阶段。一个好的网络教学评价，在一定程度上取决于科学合理的评价设计。网络教学评价的设计要确定评价的内容、主体、目标和方法，其是根据网络教学的发展和需要来制定的，并规定评价实施的具体活动，如在何种情况下进行评价、何时评价、以怎样方式实施评价等。评价设计是整个评价的灵魂所在，体现了评价的理念，指导着评价的顺利实施。具体而言，评价设计包括以下环节：

一是明确评价目标。评价实施前先要确定评价的目标。评价目标的确定一方面是对评价对象应达到的标准的确定，这是指标体系建立的依据；另一方面也要明确评价的目的，是为了评优、考核等分等级的终结性评价，还是以发现问题、诊断提高为目的的形成性评价，或是两者兼有，这将对评价实施及评价结果处理产生重大影响。可见，评价目标的确定是影响评价质量和效果的根本因素。

网络教学评价目标的确定，不仅要求全体学生都能达到教学目标，还要融入学科核心素养，如语文学科的语言建构与运用能力、数学学科的逻辑推理能力、英语学科的语言能力等。同时要培养学生成为全面发展的人。此外，由于网络教学中学生的水平参差不齐，因此，教学目标应是有层次的、动态的。

二是分析评价内容。网络教学评价涵盖的教育元素、教育活动比较广泛，评价任务比较复杂。根据当前的研究，网络教学评价的内容已超出了通常意义上教学评价，它不仅包含学生、教师、教学内容和媒体四要素，还包括网络学习支持服务等各方面的教育活动和要素，而且它们之间是紧密连接的。

三是确定评价主体。网络教育教学比较注重他人的评价，且不同的评价主体有不同的评价标准与评价方式。评价主体也是回答谁来评价的具体问题。

四是选择评价方法。网络教学评价可以采用多种方法进行综合评价。根据不同的评价目的，评价方法也应有所不同。测验是网络教学评价的一种重要方法，如果评价是为了了解学生认知目标的达标程度，测验是最常用的评价方法。

第二，评价实施阶段。评价的实施是评价人员根据评价方案，利用各种评价手段，完成网络教学评价计划所规定的任务，达到评价目标达成度的过程。它是网络教学评价的具体化与实际化。根据我们选择收集来的不同资料种类，通常需要先选择或者先设计相应的评价工具，包括观察表格、调查问卷、测验题等，评价实施的具体操作如下：

一是制定一定的评价准则和制度。评价的组织者需要制定相应的评价标准，开展网络教学评价。例如，可以向学生阐明评价的具体内容，如要求学生完成实践作品、电子作品等，依据一定的评价量表，对学生的作品进行评价。

我们向评价对象发放评价量表，使其对网络教学进行评价，具体的过程可以从以下两个方面进行：①根据评价量表，对学生、教师等课程参与人员进行问卷调查或访谈。量化需要的数据是多方面的，仅通过程序进行自行统计和分析是远远不够的，因为量化的数据还需要评价人员收集学生的体验、情感以及隐藏的问题，通过文字来表述这些调查的结果，需要进行相关的调查或者访谈，通过一些语言分析的方法对其进行分析和解剖。我们可以利用网络平台手机相关教师的作业批改、教学组织、作品评价以及答疑解惑等方面的信息，一言以蔽之，就是要利用网络系统的评价功能对网络教育教学进行评价。

二是收集评价数据。评价数据的收集是网络教学评价的重要阶段，是对学生进行学习评价的依据和来源。数据收集得是否完备、正确、有效，在很大程度上影响着网络教学评价的质量。评价信息的收集主要是指利用相应的评价工具对体现学生发展状况与学习状况、学生学习过程中所表现出来的数据和资料的收集，包含使用观察表格、调查问卷、测试等对学生学习过程和结果进行记录和观察。

三是评价注意事项。网络为学生的学习提供了宽松的学习空间，使学生在学习过程中充分发挥自身的主动性和创造性。网络教学评价不可能再像传统课堂教学那样只是根据教师一个人的制定评价标准对学生进行评价，因此应积极参与评价过程，客观公正地进行评价，实施网络教学评价时应注意以下五方面的内容，具体见表2-6。

表 2-6 评价注意事项

预置教育教学目标	由于在网络教育教学中,学生存在着比较大的控制权和自主权,使学生在学习过程中难免产生迷茫和不知所措,所以在教学开始之前,教师可以预先通过制定一定的教学方案、提供范例等方式使学生对自己要达到的学习目标有一个明确的清晰的认识和预见,这样,学生就能够主动地使自己的学习任务和工作任务向预期的目标看齐,才不会偏离学习的航道
贯穿教学过程	教师在给学生的学习提出一定的预期目标之后,还要在整个学习过程中不断地提醒学生按照既定的目标和预期来要求自己,检查自己的努力是不是属于有效的学习过程
强调自我评价	在网络教育教学中,学生的自我评价在整个学习过程中是至关重要的,因为在这个过程中学生大部分采用的是自主学习的方式,而提高学生自我学习能力也是我们网络教学的目标之一
注重过程性的评价	在网络教育教学中,评价的重点并不是放在如何判定学生的状态和能力上,而是放在使学生的能力得到发展和提高的过程中
采用多样化评价方式	在网络教学中,评价的过程应当精心策划,应以学生能力的发展和素质的提高为核心。为了使网络教学评价切实反映学生的学习状况,可将多种评价方式结合起来,从多个方面反映学生的学习状况;可将传统的教学评价方式和现代的网络教学评价方法结合起来,从学习过程和学习结果两个方面评价学生;在评价人员的构成上,不仅包括专家、教师,也应该包括学生自身,体现评价主体的多元性;可将形成性评价和总结性评价结合起来,充分发挥评价对学生的诊断指导和反馈激励的作用

第三,评价分析阶段。在评价分析阶段,要用统计分析软件统计产品与服务解决方案(SPSS)、Excel 等工具对要评价的数据进行初步的分析和整理,包括去除无效信息、进行信息的误差诊断,将各种数据与评价标准做一个对比,最后对反映学生学习过程和结果的一些数据和资料进行整合和归纳分析,得出综合型的判断并得出结论。

第四,评价反馈阶段。网络教学评价的及时反馈,能够使师生充分认识到自身的得失,及时调整教与学的方法策略,教学相长、共同提高、互为补充。评价反馈作为网络教学过程中的一个非常重要的环节,始终存在于教育教学的过程中。教师对多反馈信息资源处理细节的程度直接影响教学过程中的双要素,即学生和教师的互动质量,并最终作用于教学效能。

(4)网络教学评价方法。第一,基于大数据的现代网络教学评价。随着网络技术在教育教学领域的迅速发展和广泛普及,网络教学的评价方法也有了新的工具支持,虽然量规、电子作品概念图等也一度成为网络教学评价的常用方法，但评价过程仍存在数据不准确、过程型数据遗漏或无法采集、分析结果缺乏综合性、教学决策精准度不够等多种弊端。教育大数据的应用则为克服现有网络教学评价中的不足提供了效果良好的解决方案。

一是大数据对网络教学评价的支持。基于大数据的网络教学评价促进了学生综合素质与能力的发展。大数据对网络教学评价的支持具体表现如下：

首先，提供多方参与评价的途径。当前需要学生具备问题解决能力与批判性思维，主要强调学生的综合素养评价。评价既包括过程性评价，也覆盖总结性评价；既有外在学习行为表现，也有内在学习心理表征等。

基于大数据的网络教学评价不但能实现对多维教育教学数据的深度分析，还能向不同参与者提供评价的途径。教师通过数据反馈结果了解学生表现，并以此为依据调整教学，满足学生的个性化、个别化学习需求；家长通过数据情况熟悉孩子的强项以及可提升的空间，从而为孩子提供最适宜的学习建议；教育管理人员可通过数据分析了解何种项目对提升学生的综合素质成效明显，进而实现高效便捷管理等。基于大数据的网络教学评价提供了学生在不同情境下的学习数据，为多方主体共同参与评价架设了桥梁。可见，借助大数据技术的支持，网络教学评价更加多元立体、更加持续有效。

其次，推动数据驱动的教学决策。基于大数据的网络教学评价支持学生学习偏好设置、学习内容推送、学习方式优化、学习效果评价等方面的教学决策。教师可以利用教育大数据改进与优化教学决策。例如，教师可利用大数据分析在何种时机对哪些学生以何种方式安排何种教学内容。同时，教师也可以利用学生产生的大数据，或借助于外部大数据的对比分析，深度评价学生的学习效果，分析学生的学习偏好与个性化需求，进而分析学生群体的学习需求。此外，教师还可利用大数据分析哪些学生更适合开展小组学习，如何分组更合理等。

针对学习困难的学生，通过大数据，教师可分析学生在哪个环节、哪种类型内容的学习方面存在问题，进而挖掘影响学生学习的深层因素，以便给出适当的学习支持与干预。因此，借助大数据技术的关键在于"数据"的驱动，使得教学决策更加全面精准。

最后，促进学生发展性评价。发展性评价对学生的教育活动进行价值的判断，这种判断建立在系统的收集评价信息并将数据进行分析基础上的，最终帮助学生实现其发展目标。基于大数据的网络教学评价不再依赖对单一评价对象的单一评价维度实施评价，而是尽可能地将网络教学评价的多方面数

第二章　大学课程混合式教学模式的体系建设

据纳入其中，包含结构化数据的获取，以及非结构化数据的收集，旨在获取更为全面的数据，促进学生的发展。大数据技术寻找关联性的思维模式契合了网络教学评价情境下对充实依据与有效证据的本真需求。这种基于大数据的网络教学评价，为学生实现个性化、差异化的学习发展目标提供了有效支撑。

二是基于大数据的网络教学评价过程。基于大数据的网络教学评价过程可分为多个阶段，即：确定评价目标与标准阶段、明确数据采集对象与内容阶段、实施数据集成与清理进行数据转换与分析阶段、完成数据解释与反馈阶段。

第二，基于学习分析的现代网络教学评价。学习分析技术为教育教学过程提出有针对性的教育决策和改进策略，其注重预测和监测学生的学习成绩，及时发现学生的潜在问题。基于学习分析的网络教学评价为提升学生学习质量提供了新的思路，并以数据驱动的方式改进网络教学实践，促进学生个性化发展。

一是学习分析的特征。学习分析技术分析的目的是评估学生理解和优化学习的能力、发现潜在问题，其对象无疑是学生及学生的学习环境，可以说，学习分析是最贴近教育需求的数据分析技术。学习分析主要有以下几个方面的特征：

首先，多样化的数据来源。数据来源既有学习管理系统（LMS）、课程管理系统（CMS）和学生档案系统等数据库，也有学生学习过程中的资料、作品、学习轨迹等，还有学生个人非正式知识管理系统（如博客、微博、微信等）。不同来源的海量数据为个性化的学习服务提供了支撑，数据采集自动化为智能化的学习提供了便捷条件。

其次，可视化的分析结果。学习分析的主要目的是提高学习绩效和预测学习结果，并以直观化和可视化形式显示主要数据，以便教师和学生对自身的情况做出一定的判断。

再次，模块化的分析技术。学习网络的实时调整、学生关系的动态变化及学习内容的复杂多变，使得网络学习的过程研究变得十分复杂。若要开展有效分析，单一的学习分析工具已无法满足智慧学习环境中对学习分析的多样化要求。此时，便需要强调对多种工具、多重方法、多类技术的模块化聚合，以便于针对不同的数据采用不同模块进行加工、挖掘和分析，进而透过数据对网络教学给出合理的解释，并为网络学习提供支持和保障。

最后，微观化的服务层次。学习分析的内涵是为网络学习过程中发生的各种数据提供建设性意见,并进行分析。其直接服务对象是学生和教师。例如,通过教学数据反馈,帮助教师提高教学质量、教学水平和职业技能等,通过学习情况反馈,帮助学生提高课程通过率,为学生的适应性学习提供建议等。

二是学习分析对网络教学评价的支持。基于网络教学,学习分析技术作为一种有效分析学习过程和结果的工具,以其对绩效评估、过程预测与活动干预的便捷性等特点,越来越受到教育界的追捧。正是由于学习分析技术发展带来的优势,采用其开展网络环境下的教学评价才更加便于实现过程性、动态性、多元评价,才更有利于学生个性化学习,弥补原有能力的不足,提高教师教学效率,改善教学质量。学习分析对网络教学评价的支持作用具体表现如下:

首先,有利于教师对学习进行分析。利用学习分析技术,教师可获得学生学习绩效、过程及学习环境等信息,为教师优化网络教学提供方法和思路。对教师来说,改善教学质量、提高教学水平、促进教学效益最大化是主要目标。

其次,有利于学生进行自我评估。学习分析的主要目的是预测学习结果和帮助学生反思。学习分析作为一种有效的辅助学习的工具,可帮助学生开展自我评估、实施个性化学习、提升学习危机预警等。例如,学生可借助学习分析技术获取个人学习情况报告,进行自我评价,了解自身的优势和不足,进行自我认识、自我定位、自我规划等。学生也可分析自身的学习过程数据,通过回顾自己的学习时间、内容、方式等,开展个性化学习,引导学生自我管理和自我激励。学生还能借助其提升学习危机感,自我采取相应的措施赶超学习同伴。

三是基于学习分析的网络教学评价过程。学习分析过程主要集中在实施阶段调整阶段和优化阶段,重在对数据的分析、跟踪和预测,反复调整和优化教学方案和学习过程。

第三,基于可视化技术的现代网络教学评价。当前,网络技术飞速发展,计算机在信息表达和信息交互方面取得了一些成绩,也为网络教学评价提供了新的视角。可视化技术为视觉教学理论注入了新的活力,是现代教育技术发展的必然趋势,在网络教学评价中的应用潜力巨大。基于可视化技术的网络教学评价使得网络教学过程和结果的数据都得以实时呈现,有利于学生自我反思、自我警醒能力的发展。

一是可视化技术的特征。随着可视化技术的不断发展,可视化技术呈现出以下五个特征:①直观化。可视化技术直观形象地呈现数据,可用图像、曲线、二维图形、三维立体和动画等显示，并可呈现数据之间的相互关系。②多维性。通过可视化技术，用户能清晰地看到数据的多个属性或变量，并实现数据的显示、分类、排序和组合。③关联化。可视化技术帮助用户挖掘并突出呈现数据之间的关联，直接快捷地厘清各属性、事件之间的关系。④交互性。可视化技术能够实现用户与数据的交互，增强用户对数据的控制、管理与开发。⑤艺术化。可视化技术能够通过不同的表现形式，增强数据呈现的艺术效果，符合审美规则。

二是基于可视化技术的网络教学评价特征。可视化技术的发展，加快了数据的处理速度，使得工作、学习过程中产生的海量数据被有效利用。数据、知识、思维等的可视化处理将抽象、复杂的过程以形象化的视觉表达形式呈现出来，实现了人人、人机之间的图像通信，使人们可以观察到利用传统方法难以发现的现象和规律，进而助力人们的工作和生活。可视化技术为网络教学评价提供了一种新的方法和思路，使得网络教学过程和结果的数据得以实时呈现，方便开展并优化师生的教与学活动。

基于可视化技术的网络教学评价是指以图形、图像等直观形式表示学生学习过程和结果数据的一种评价方式，使教师快速便捷地掌握学生整体学习情况，有利于学生自我反思、自我警醒能力的发展。基于可视化技术的网络教学评价具有如下特征：①提供网络教学过程立体化的呈现效果。图像体现了一图胜千言的表达优势，它不仅具有显著的吸引力、沟通力，也能够增进学生对教学过程以及内容的理解与认知，进而促进学生学习过程中的认知建构与知识生成。②实现动态评价和实时反馈的跟踪指导。传统的网络教学评价重在对学生学习内容、学习结果、教师教学过程等静态数据的评价，忽略了评价数据本身的动态变化性，忽视了探讨评价数据和教与学改进之间的相辅相成关系。

3. 网络教学平台技术支持

随着科技的快速发展和社会的不断进步，网络信息技术、多媒体技术逐步进入人们的视野，不断推动现代教育技术逐步实现向网络教学方式过渡，由此为现代教学事业注入了新的生机和活力。

网络教学是基于计算机网络实施的，该系统主要由学生工作站、主机、教师以及服务器四个方面组成。借助主机，教师可以通过对网络中每个终端的控制，实现和学生实时的交互会话，打破时间和空间的局限，使得学生可以接受教师的直接指导，从而获得良好的教育效果。另外，学生还可以通过计算机网络与其他学生进行交流、沟通，并且借助互联网（Internet）获得更加丰富的资源信息。

由此看来，网络教学模式与计算机辅助教学、电化教学，以及传统课堂教学都存在着很大的不同，这种不同主要体现在四个方面：第一，网络教学模式强调以学生为中心，颠覆了传统教学模式中教师占主体地位的情况；第二，网络教学模式关注学生学习的积极性、主动性，注重激发学生的学习自主性；第三，网络教学模式改变了媒体的定位，由教师的演示工具转变成了学生的认知工具；第四，网络教学模式将因人施教的教育理念落实到了实处。

（1）计算机网络教学技术。计算机网络是独立自主的计算机互联的集合体。此处的"独立自主"强调的是在计算机网络中，各计算机之间不存在主从关系。如果机器中存在主从关系，一台计算机受到另外一台计算机的控制，就不是计算机网络。"互联"的含义是计算机之间可以互相交换信息，而计算机之间的连接可以通过导线、光、微波和卫星等有线和无线的形式进行。

第一，计算机网络连接的方式。网络中计算机连接的方式，即为由计算机的几何安排构成的网络拓扑结构。尽管实际上存在许多种规则或不规则的网络拓扑结构，但最基本的是以下三种：星形拓扑、环形拓扑、总线形拓扑。

在星形拓扑结构中，所有计算机（节点）都连接到中心计算机或集线器上，各个计算机除与中心计算机或集线器相连外，不与其他的计算机相连。星形网络的所有数据包都先送到中心集线器，由中心集线器送达目的地。在星形网络中，一台计算机与集线器的通道发生故障时不会影响到其他计算机。但是如果集线器坏了，整个网络就会崩溃。

环形拓扑结构是将所有计算机连在一起形成一个环（不一定是圆形）。从网络中的任何一点都可以沿同一方向传输数据，最后返回到起点。由于是环形连接，所以其中的数据只能沿一个方向传输。环形拓扑要求计算机之间的通道不能发生故障。环上的任何一点发生故障都会使网络通信无法进行。另外，由于数据必须经过网络中的每一台计算机，因此通过网络中的任何一台计算机都能查看环中传输的数据。

总线形拓扑结构是通过使用一条被称为总线的传输介质把网络中的所有计算机连接在一起进行通信的。一般使用同轴电缆作为总线拓扑中的传输介质。总线拓扑中的数据可以向任何一个方向上传输。其缺点与环形拓扑类似，即不反总线故障会造成网络通信失败，而且安全性能也不好。

第二章　大学课程混合式教学模式的体系建设

第二，计算机网络的体系结构。为了降低网络设计的难度和复杂性，设计网络通常会分层进行组织，每一层建立在它的下层上面。现代计算机网络的设计，必须采用高度结构化的方法来进行，这种结构化的思想体现在为网络的体系结构。在网络设计中，不同网络所分的层析、每层的功能和名称是各不相同的。但是不管是什么网络，每一层的目的都是向它的上一层提供服务，然后要做到把这一服务的细节对上层加以屏蔽。

一台计算机的第 n 层与另一台计算机的第 n 层在进行通话时，通话中所用的约定和规则称之为 n 层协议。所谓的协议就是通信双方进行通信的约定。不同机器的通话实际上是对等进程利用互相之间的协议进行通信，也就是说不同机器包含着相应协议层的实体称作对等进程（Peer）。

实际上，是每一层都把数据和控制信息传送给它的下一层，直到最底层，而不是从一台机器的第 n 层传递给另一机器的第 n 层，再由物理介质（Physical Medium）进行实际的通信。相邻两层之间有一个接口（Interface），它能由下层向上层提供服务原语和服务。考虑网络应该包括多少层、每一层都有什么功能，其中一个重要的方面就是必须在两个相邻层之间定义一个清晰的接口，并要确定每一层具有含义明确的功能。

上层被下层提供的服务（Service）有两种，即面向无连接的服务和连接的服务。面向连接的服务类似电话系统，下层向上层提供服务前，必须先建立连接，这一连接在本质上就像一个管道，发送者在一端放入物体，接收者在另一端取出物体。而无连接服务则可用邮政系统比拟，每一报文都有自己的目的地址，并经过系统所选择的路线传送。在无连接的服务中，报文不一定按照发送顺序接收到，而在面向连接的服务中则必定是先发送的先收到。

通常用服务质量来衡量每种服务所具有的特性。服务质量可以用多种参数表达，以描述服务过程中数据的丢失、延迟等有关表征服务质量的问题。

在形式上，服务用服务原语来描述。面向连接的服务有请求（Request）、指示（Indication）、响应（Response）和确认（Confirm）四种原语，而无连接服务则只有请求、指示两种。

层和协议的集合被称作网络体系结构。要使实现者可以为每一层进行硬件设计、为每一层编写程序，并使之符合有关协议，就要求网络体系结构的描述包含足够多的信息。接口的描述和协议实现的细节都隐藏在机器的内部，对外部来说是不可见的，因此接口的描述和协议实现的细节并不是体系结构的内容，只要机器能够正确的使用全部协议，同一网络甚至可以连接多个不同的接口。

国际标准化组织（ISO）所制定的开放系统互联（Open Systems Interconnection，简称OSI）参考模型（也简称为OSI/RM）定义了连接异种计算机的标准主体结构。"开放系统互联"是计算机发展的重要成果和未来发展的重要条件。OSI模型制定以来，对计算机网络技术的发展起到了非常关键的推动作用。虽然互联网的普及和应用在实践上超过了OSI，但其意义仍然是不可磨灭的。

第三，计算机网络连接的目的。就应用的角度而言，计算机进行联网的目的如下：

一是共享远程资源，包括程序、设备、数据等软硬件资源。例如，我国教育部建立的一个学生毕业证、学位证查询程序，允许用户通过网络进行远程访问。此外，在公共交通订票、银行存取款、电子图书馆等方面，网络给人们的生活带来了极大便利，人们通过网络共享资源。

二是依靠可替代的资源提高可靠性。例如，有备份情况下的故障自复。在银行、航空等领域，一般会有多个处理器，其中一个出现问题时，其他处理器仍可正常工作。

三是节约经费。大型计算机升级时开销巨大，而比较小型的计算机往往性能价格比更高，因此常使用客户机/服务器模型或客户端使用比较廉价的PC，通过服务器共享数据。

四是网络用户的通信与合作。例如，同一公司不同部门的员工，可通过公司内部网络共同撰写工作报告。又如视频会议技术，它也是网络作为通信媒体的典型事例。

第四，计算机网络连接的优势。个人能够享受网络提供的一切优势，这些优势包括以下内容：

一是访问远程信息。访问远程信息已经在多方面实现，此处讨论的主题网络教学就是一种向人们提供访问全世界各种信息的有效手段。通过电子方式向服务端提问，并取得答复，以及进行数据的查询。新闻媒体也正在走向在线化，并可根据个人需要进行定制。

二是人与人之间的通信。电子邮件已被很多人作为日常通信手段来应用。视频电视、网络新闻等方式也正成为人与人之间进行通信的日常工具。

三是交互式娱乐。网络的娱乐事实上已发展为一种产业，通过网络实时聊天、游戏已经变为现实。按需视频（简称VOD）可使人们根据自身的个人需求定制电影、电视等娱乐节目。

第五,计算机网络的互联技术。由于各种各样的网络已经存在并且还将继续发展,各种类型的网络技术和网络协议同时并存,所以网络互联技术必定会广泛存在。网络互联的几种形式,主要包括 LAN-LAN、LAN-WAN、WAN-WAN 和 LAN-WAN-LAN。

OSI 模型中在网络层处理网络互联问题。网络层可划分为子网访问子层、子网增强子层以及子网互联子层,并通过被称为中继(Relay)的中间设备进行互联。

子网访问子层处理所有特定子网的网络层协议,它生成、接收和控制数据包,并执行通常的网络层功能。

子网增强子层则用以协调可提供不同服务的子网,即对不同子网起协调平衡作用。因此,当子网服务太好时,它的作用不是增强而是削弱,以便与子网互联子层相匹配。而子网互联子层的主要任务是端到端的路径选择。

通常,中继可以在任何一层实施。按网络层次可将中继设备分为:①在物理层,可使用转发器(Repeater)在电缆段复制二进制位;②在数据链路层,网桥(Bridge)可在类似的 LAN 之间存储和转发数据链路帧;③在网络层,可用多协议路由器进行网络互联;④在运输层,可使用运输网关连接字节流;⑤在运输层以上,可使用应用网关连接不同网络。

两个 WAN 之间的网关通常归不同的机构甚至不同的国家所有,二者同时共同营运一台工作站级的机器存在许多实际困难。为解决这一问题,可将中继从中间一分为二,双方各持有一半的网关。这样,网络互联的全部问题就转化为如何商定一个在线路上使用的公共协议问题。此协议是中立的,可适应双方的需要。只要双方在线路上使用这个公共协议,就可以设计各自的互联子层。

在实际产品中,网络互联中继设备的划分比较模糊。很多设备同时具有网桥和路由的功能(有时也称为桥路器"brouter")。造成这种现象的原因,一是网桥和路由器虽有区别,但并非完全不同;二是一些产品出于商业考虑,在名称和功能上并不是非常贴切。

互联在一起的网络存在很多不同之处。不同类型的网络,所提供的服务和采取的协议不同,寻址方式和广播与组播方式不同,数据包大小不同,服务质量不同,流控制和拥塞控制方式不同,安全机制不同,记账方法不同。因此,在进行网络互联时,必须考虑这些不同,使之能够通过有效的方式进行转换。

网络互联有两种常用的方式，即无连接的数据包方式和面向连接的虚电路方式。前者需建立端到端的虚电路连接，后者则需要在多个可能的路径中考虑合适的包路由。

当源端机与目的机所处的网络类型相同，但传送数据时需要经过不同的网络时，可采用隧道（Tunneling）技术将数据包进行封装，然后穿越异质网络，到达目的网络后再卸除封装。就像乘船过渡的汽车一样。

互联网络的路由问题与单个网络的路由问题类似，但更为复杂，因为涉及不同的网络，必须存在两级路由算法，在各网内部采用内部网关协议，在网络之间采用外部网关协议。

网络互联存在两面性，个人用户在互联网上漫游不受约束，但公司用户则必须高度重视安全性，因为商业秘密不可外传（即便不是经营性的网站的资料），病毒等更不允许流入。为此，诸多安全措施应运而生。被广泛采取的安全措施就是防火墙技术。

防火墙有很多中国类型，但是主要可以分为两类：一类是基于代理服务，另一类是基于包过滤。由于这两种类型的防火墙都有一定的缺点，目前业内正在发展其他形式的新型防火墙。例如，可以把基于包过滤方法和基于代理服务的方法结合起来，形成新的防火墙产品。这就是复合型防火墙。

（2）高效网络教学技术。远程教育模式的形成主要源于现代信息技术对教育领域的应用，它是一种结合网络技术与教育的模式。在目前教育部所发布的文件中，远程教育也被称为现代远程教育。这种方式对所招生的对象没有学历、年龄方面的要求，能几乎无门槛地为他们提供学历提升的机会。

网络教育的定义在通常情况下，分为狭义和广义两种：狭义的网络教育是指各种各样的学习活动都是仅仅通过互联网这一个平台进行的；广义的网络教育指的是在没有指导教师的计划指导下和连续指导情景下，学习者通过网络利用各种各类学习资源进行学习的行为活动。

我国网络教育市场可以分为广义市场和细分市场两种：广义市场主要包括所有借助网络等其他电子通信手段而展开的实施咨询、运营服务解决方案以及学习内容等方面的市场领域；细分市场主要包括职业与认证培训网络教育、E-learning网络教育、高等网络教育、中小学网络教育以及幼儿网络教育五个市场领域。

网络教育是以多媒体技术、计算机技术、通信技术和互联网等高新技术

第二章 大学课程混合式教学模式的体系建设

为主要传播媒体和学习手段,以学习者为主体,综合运用文字、动画、图像、音频和视频技术等的一种新型交互式网络教育方式。

网络教育是以网络、计算机和多媒体等为基础的信息技术最新成果,在现代教育学思想的指导下,对传统教育模式的一种创新模式。网络教育是一场全新的教育模式,其将带来一场教育革命。20世纪90年代后,网络技术的发展推动了人类社会向信息社会迅速转变的进程。网络媒体兴起之后,显示出了极其强大的生命力,它以巨大的信息优势以及最快速地渗透方式,快速地占领了金融、商业、管理、通信、医疗、新闻、教育技术、产业娱乐等一切与信息紧密相连的领域,网络教育之所以会成为一种极富自身特色的崭新的教育形式,正是由于其无法替代的实时交互功能所决定的。

网络大学一般实行弹性学制,允许学生自主选择期限。网络教育通常需要学生有很强的自主性和自制力。值得一提的是,网络教学与传统教学的方式不同,网络教学主要是由学生通过点击网上课件(或者光盘课件)来完成课程的学习。通过帖子或者电子邮件等方式方法将作业提交给老师或者与老师进行即时交流,并且教师可以根据学生的具体情况来安排集中的面授工作。

第一,高效网络教学技术的特征。

一是学习行为自主化。借助网络技术展开的远程教育突破了时间和空间的限制性,使任何人可以从任何章节、地点以及时间,学习任何教学课程,这种便捷灵活的教育特点体现了学习行为的自主性,符合终身教育、现代教育的社会需要。

二是资源利用最大化。网络教育方式颠覆了以往只局限于特定区域展开的教学模式,从而向更加广泛的地区进行辐射性、开放性教育,打破了空间的阻碍,使得远程教育成为可能。另外,借助网络教育,学校可以网罗更加优秀的教师和更加突出的教学资源,充分发挥自身教育资源优势。

三是教学形式个性化。计算机网络具有双向交互功能和信息数据库管理技术,体现了它的独特性。借助这些特点,网络教育实现了两方面目的:①对每位成员的阶段情况、学习进程以及个性材料进行完整、全面的系统跟踪记录;②为每位成员提供个性化的学习策略和学习建议。由此看来,网络教育是一种高效性、个性化的教学方式,为现代个性化教学了提供现实有效的实现途径。

四是学习形式交互化。借助网络教育,师生、生生之间可以实现全方位的交互对话，拉近了学生与教师之间的心理距离，拓宽了师生交流范围和交流机会，促进学生身心健康和全面发展。另外，教师还可以通过网络教育对学生提问的问题种类、数量进行统计分析，并依照分析结果展开有针对性的教学，从而获得良好的教育效果。

五是不局限于地区。网络教育的展开没有时间和地区的限制，使得学习成员可以节省费用和时间，以制订更加有效的学习计划。

六是教学管理自动化。计算机网络具有远程互动处理功能和自动管理功能。在此模式下进行的教学管理中，每位学员可以借助网络远程操作考试、作业和学籍的管理及查询、选课、缴费、报名以及咨询等各项任务，突出网络教育便捷灵活的特点。

第二，高效网络教学技术的功能。

一是跨越时空教育。借助视频会议系统，学生可以突破空间的障碍聆听各个领域优秀教师的授课，并且通过网络远程教育获得丰富的教育学习资源，体会教育信息化带来的巨大改变，最终实现优秀教育资源共享。

在知识经济时代，每个人都需要通过不断学习来满足社会发展的各种需要，因此加强教师教育培训工作显得尤为重要。而网络教育模式的出现，使得教师可以按照自己的学习方式、速度，在自己合适的时间和地点展开学习活动，做到工作、学习两不耽误。

二是网络视频工作。教育领域的工作者经常需要开展教学观摩、远程教学、召开行政会议等，而参加会议的人往往可以遍布世界各地，且召开的日期、地点通常也是随机的。网络视频能让那些参加会议的人员节省大量的费用和时间，既不用长途跋涉，又能随时参会。

三是进行学术交流。教育行业工作者不仅需要参加行政会议，还要与世界各地的权威教授学者、研究机构学者共同参与深入的经验、学术交流活动和临时学术会议。当然，在传统集中式的学术交流活动中，常常因为参会人员、地点以及时间的限制而降低了交流活动的良好效果。因此，远程教育系统的使用不仅可以节省大量的费用、资源和时间，还可以打破时间和空间的限制，展开深入的交流与探讨。除此之外，远程教育系统还具有强大的数据功能，为来自各地的学者创造一个多人共享的工作平台，突出了多人实时交流对话的特点。参会者可以利用系统中文件传送和文档共享等功能，将文字、报表、图形以及数据等信息传送给其他与会者，从而实现随时随地的交流讨论。

四是网络教学资源共享。借助视频会议系统，学生不仅可以享受到更加优秀的教学资源，还能够参与论文评审、校际联谊等活动，扩展了学生的视野，提高学校教学质量。

五是促进教育信息化改革。远程教育打破了空间和时间的限制，为学校的教育改革提供了良好的实施平台。

作为新型的教学形式，远程教育具有交互、跨远程的优势，不仅颠覆了以往课堂教学方式中面对面交流的地域局限性，而且还能够将大量优秀的教育资源在此汇集，充分发挥教育功效，满足现代教育和终身教育的社会需要。

一般而言，远程教学具体包含广播电视教学和函授教学，主要经历了三个发展历程，即函授教学、广播电视教学以及网络教学。其中，函授教学、广播电视教学均为单向信息传递，师生之间的信息传递、交流具有一定的局限性。而网络教学具有交互式、开放式教学特点，可以实现信息实时、多向交流，学生可以突破时间和空间的局限，与其他学生、教师进行线上交谈，不仅能够高效完成教学计划，而且还为未来教育手段的实施提供了实践基础。

4. 网络教学平台课程资源

（1）网络课程资源建设的原则。建设网络课程时，除要遵循教学设计的原则外，还应遵循以下原则：

第一，学生与教师之间的交互、学生与学生之间的交互、学生与学习材料的交互。在网络课程中，还应包含在线讨论、论坛等平台的交互学习。

第二，学生在学习的过程中通过发现问题、主动探索、意义构建等过程完成学习，体现学生个性化的学习特点。

第三，开放性原则。网络课程要对学习者开放，让学习者按需参与，同时开放课程资源。

第四，动态性原则。在当下经济发展日新月异的时代，科学技术和科学知识也在不断更新，因此要保持鲜活的学习内容。网络课程的设计要方便更新，扩充新的内容。

第五，共享性原则。网络的特点之一就是资源的共享，因此在设计网络课程时要体现其共享性原则。

第六，可以评价性原则。要想及时了解学生的学习状况，对学习者的学习效果和学习情况提供有效的、客观的反馈和评价，就必须重视评价的设计体系。在设计网络课程时，应该提供考试的得分、试题答案的解析，以及教师对习题作业的批阅结果等。

（2）网络课程资源建设的结构。根据网络课程资源建设原则，结合 Blackboard 平台的功能，下面给出的是 Blackboard 网络课程的结构模型，如图 2-3 所示[①]。

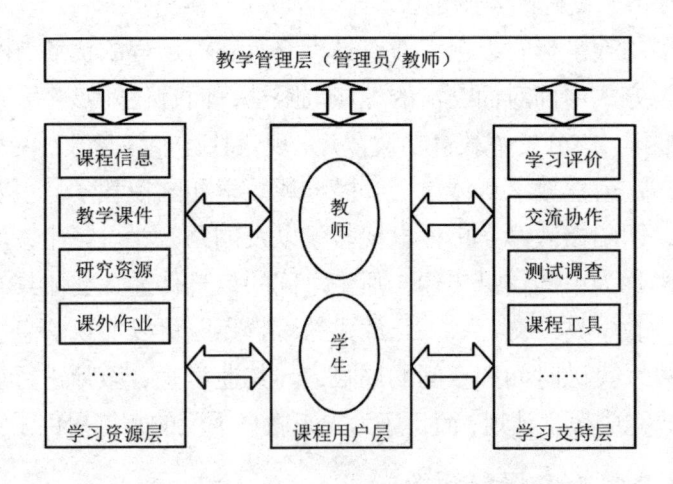

图 2-3　Blackboard 网络课程的结构模型

Blackboard 网络课程的结构模型由学习资源层、学习支持层、课程用户层和教学管理层构成。

学习资源层是课程内容的展示层，主要是向学习者展示网络课程的内容和相关资源，可以说它是学习资源的大集合，只要是与课程内容相关，并且学生有必要了解的资源全部可以放在展示层上。

学习支持层主要是利用展示层提供的教学工具来支持教师的教和学生的学，如可以利用调查工具来发布调查问卷，以便于教师及时了解学生学习和需求的进展情况；可以通过线上的测评或者考试来检验学生的学习成果；可以利用讨论版工具搭建学习的论坛，供教师、学习者和其他人员交流。

课程用户层主要包含以下两类的用户：一类是教师用户，另一类是学生用户。学生用户可以浏览课程内容、在线测试、参与讨论和调查等；教师用户则可以注册学生用户、管理课程、建设课程等。

教学管理层主要是教师对于课程进行一定程度的管理，比如管理学生的用户 ID，对课程进行管理、组织教育教学活动、上传课程内容等。除此之外，

---

① 张明柱. 基于网络教学平台的混合式教学改革与实践研究 [M]. 保定：河北大学出版社，2018：13.

管理员也可以参与进来,对整个体系进行干预和管理,如修改教师的用户ID和用户的权限等。

5. 网络教学平台互动技巧

(1)组织网络教学平台进行实时交流。基于网络教学平台的网络课程允许学生自定时间、自定步调地进行学习,有时,一些在线的实时网上交流和同步互动往往能起到意想不到的效果,越来越多的教师已经认识到在线实时交流的重要作用。组织一次成功的在线实时交流,需要完成以下工作:

第一,确定交流活动的主要参与者是某一个小组还是整个班级。主讲人是教师还是学生。

第二,确定交流的内容。内容最好是学生所感兴趣的,有必要提前跟学生协商确定讨论的主题和角度,防止话题过"散"。

第三,确定交流使用的平台。提供了在线实时交流的工具——"聊天"和"虚拟课堂"。"聊天"工具和普通的网络文字聊天室类似,主要是基于文字的集体讨论,和论坛相比,其汇集文字对话的形式更加适合于实时的文字交流讨论。"虚拟课堂"工具比"聊天"工具功能更加强大,除支持文字聊天之外,还可以进行分组文字聊天,使用白板进行资源的共享和协作互动。此外,还可以选择别的平台,教师可以根据自身需要和网络情况自行选择。

第四,熟悉平台工具的使用流程。

第五,提前发布实时交流公告,以便于学生做好准备。

在实时交流活动中,避免过多地讲原理、概念,重在交流和分享,而不是教学和讲授。在实时交流结束后的1~2天内将交流的文字记录或者录像和其他资料及时发布在课程中或通过其他方式共享给学生。

(2)引导网络教学平台的讨论秩序。在课堂教学之后开展相应的网上讨论,有助于学生深入地理解课程内容

第一,设置一定的论坛规则。在网络课程一开始就要明确指出论坛中不支持和支持、鼓励的行为,要强调本课程论坛的规则,比如不要在论坛里发布与课程没有关系的言论等。可以和学生约定好发帖的要求,如可以要求学生每周发三个帖子:第一个是原创帖;第二个帖子是对别人帖子的回应,必须谈自己的看法和观点;第三个帖子是对自己原创帖子所有回应帖的总结和评价。论坛规则最好简洁明了。

第二,营造安全的学习环境。网上讨论最大的难度在于要保证让学生在

相对安全的环境下分享他们的观点思想和个人经验,探索新的概念,以此加深他们对材料的理解。鼓励学生积极、大胆发言,不要因为害怕错误而不敢发言,允许学生有批判性地思考。

第三,让学生成为讨论的主角,不要干扰讨论方向。网上讨论的主角必然是学生,学生在论坛中一起讨论、贡献知识。如果教师过多地介入,会打断学生的原有思路,学生会把教师当作"权威",可能会由于畏惧"权威"而不再发表不同观点,或者刻意等待教师的发言。

第四,精心设置论坛分区,防止学生"跑题"。比如,每周话题区可以安排与本周所学内容相关的话题进行讨论;平台使用技术问题讨论区讨论解答在学生学习过程中所遇到的技术问题;教学建议区讨论学习体会,收集教学建议;休闲咖啡区供学生讨论一些与课程无关的话题,允许他们在那里抒发感情,畅所欲言。

第五,可以设置论坛的专项管理人员。如果论坛涉及的板块比较多、发帖量和话题量比较大,在教师难以兼顾管理论坛的情况下,可以在论坛的每个讨论区设立专门的管理人员来直接管理讨论板中的帖子,以促进有效的对话和讨论,还可以为论坛中用户指定具有管理功能的论坛角色,如管理者、主持人和评分者。

主持人在帖子对应的课程中每一个用户都可以复查帖子。主持人也可以删除或者修改任何论坛中的帖子,即使该论坛不使用"待审核队列",所以要确保主持人富有责任心并且熟悉相应帖子的标准,在默认的情况下,会将这一论坛的角色授予具有课程角色的课程制作者的用户。

管理者可以完全控制论坛。在默认的情况下,具有助教或者教师的课程角色的用户将被授予此论坛角色。管理者是可以完全控制论坛的,管理者可以更改的项目有仲裁帖子、论坛的相关设置和制定的一些成绩等。此外值得一提的是,管理者的角色只能指定给具有类似责任的人员,如助教或者课程教师等人员。

评分者将复查讨论区帖子,并在成绩中心输入成绩。评分者拥有访问成绩中心的权限,并分配给负责指导和评估学习的用户,如教师或助教。评分者的论坛权限中不包括访问控制面板的权限。默认情况下,具有评分者课程角色的用户将被授予此论坛角色。

第六,通过举办一系列的活动来推动讨论。在学生即学习者积极参与论坛讨论的时候,教师可以提出一些具有深度的问题,促进学习者更进一步的反思和深入地思考，从而引导学习者提出更多的问题。

（3）网络教学平台讨论的监控与反馈。第一，使用成绩指示板观察学生讨论情况。在 Blackboard 平台的网络课程之中可以通过评估中的成绩指示板来具体监测学生讨论的具体情况，具体的一些信息和数据如下：帖子的总数、上次发帖的日期、帖子的字数，即帖子的总长度。

第二，评价学生讨论的情况。学生的评论分在 Blackboard 平台的网络课程中具有的两种形式。如果事先设定好了对话题评分或者对论坛评分的话，也可以在为话题和论坛评分时候看到学生讨论的具体内容和情况。同时，设置良好的评价制度，对于论坛的顺利运行有很大的好处。要评价一个学生在论坛中的行为，可以从主动性、发帖质量、参与度和贡献度四方面进行。主动性是指学生在论坛中分享自己在活动、作业等各个方面的情况，并积极参与讨论的主动性；发帖质量是指学生所发帖子与主题相关情况；参与度是指学习者发帖的数量情况，以及回复其他人的信息，提出建设性的意见，鼓励他人的情况；贡献度是指学生为问题的解决贡献自己力量的程度。

6. 网络教学平台混合教学

随着时代的不断发展进步，近年来信息化技术的影响范围已经拓展到教育领域，而且还在很大程度上推动了我国现代化教育的发展，高校的整体教育教学水平也显著提高。在多媒体时代，混合学习模式得到了广泛的应用，混合学习模式应用优点比较突出，但受到不确定外界因素的影响，也在一定程度上影响了其实际应用效果。基于网络教学平台的混合学习模式改进策略具体如下：

首先，要明确网络教育教学的发展政策和学校的激励措施。学生在学习过程中的影响力是巨大的，其在学习过程中起着重要的作用，同时学生也是整个学习过程的核心存在。其次，要加强网络教学的培训。最后，要注意的是给学生提供一些在线辅导。

第二节　混合式教学模式的特征与要求

一、混合式教学模式的特征

"混合式教学是把在线教学和传统教学的优势结合起来的一种教学模式，是当前教学研究的热点"[①]。根据现代教育理论，学习过程包括程序性学习和启发性学习。以记忆为主的程序性学习完全可以以学生自主学习为主；启发性学习过程，需要通过作为专家的教师与学生之间的互动来完成。由此可见，将信息技术和课堂教学有机整合，有助于形成以学生为中心，充分发掘学生自主学习动力和创新能力，形成"互联网＋高等教育教学"的特色教学模式，提高高等教育的竞争力。

混合式教学包括任课教师安排给学生的自主在线学习（或多媒体学习）与课堂互动两个模块。在线学习模块的内容常以教师讲课的短视频、作业练习、互动交流、测验考试、通告邮件等方式向学生提供学习资料，结合学生的学习特点，使学习过程实现随时化、随地化，方便学生的学习时间安排，满足学生个性化学习的需要，但是其片段化的学习，不利于学生将知识有机地整合，并加以应用和评价。课堂互动结合即兴学习的特点，有利于将学习体验和个人经验进行整合，通过课堂探究和讨论，增强学生思维的主动性，实现学习过程的内化。

在课堂互动环节，教师可以采取基于问题的学习方式或者基于项目的学习方式。教师根据教学的重点或者难点，按照由浅到深的原则，有目标地设计教学问题；学生通过解决问题，将线上课程中所学习的知识应用到特定的环境中，通过小组讨论和教师的引导，对产生的结果进行评价；学生还可以通过解决多个问题，按照归纳推理的方法，对所学知识进行归纳，从元认知的高度实现对知识的内化。根据最近发展区间原理，课堂讨论的问题既要考虑学生的学习兴趣，也要考虑学生的学习能力，这样才能充分激发学生在讨论中的活跃程度。在讨论中，也可以适当引入劣构性问题，在解决这类问题时，

[①] 田宇. 线上线下混合式"专业英语"教学的设计与构建[J]. 科教导刊，2020（20）：118.

学生需要自主判断题目给出的条件是否适当，并通过查阅资料，找到相应的条件，通过建立简化模型来解决问题。

对于实践性较强的课程，教师还可以开展基于项目的学习：教师根据学习目标，确定学生的学习项目，包括实验设计、课件制作、程序设计、数值模拟等。学生根据学习项目制订出相关计划书，教师和学生通过讨论确定计划书的可行性。在实验课堂上，各学习小组按照计划完成相关实验，教师帮助学生及时解决实验中可能出现的问题。完成实验后，小组按照研究结果写出研究报告，并在课堂上宣读。对于基于项目的学习，学生不仅需要运用和实践所学的知识，可能还需要将其他领域的知识整合到探究过程中，提高对知识的掌握程度。

然而，课堂讨论的时间有限，学生如果完全采用探究性学习的模式，其学习内容必会减少，影响学习的成效。不同的混合模式可以将在线学习过程和课堂讨论环节有机地整合起来，教师可以采取以课堂教学为主，在线学习作为补充的非翻转学习模式。或者以学生在线学习为主，课堂讨论作为补充的翻转模式，将两者的优势结合在一起，提高学生的学习效果。实施翻转课堂，教师可以采取在课堂讲重点、难点后，再进行课堂讨论的部分翻转模式，或者课堂全部用于讨论的完全翻转模式。

采用翻转课堂模式，可以带来的益处包括：①实现授课、批改作业与辅导任务的分离，释放教师知识教学的劳动力，让教师的教学时间真正花费在个性化的交互中。②解决思辨和身教不足的问题。翻转课堂可以给这个问题带来转机。把课堂时间聚焦到探究式的个性教学中，包括答疑解惑、深入讨论、实际操作演示甚至手把手地指导实验等。只有真正实现个性化的教育，才是能培养出独立思考、实践动手能力的教育，让学生接收了知识之后能有所创造。③课堂职能的转变逼迫教师必须更深入地理解课程内容，进而提升教学水平。这个过程，对教师的教学和业务能力提出了更高要求。

二、混合式教学模式的要求

在混合式教学设计中，先要对授课内容按时间节点划分学习单元。根据线上线下不同模块的教学特征，又可将每个学习单元划分为线上、课堂和实践三个环节，每个环节都需要关注教学的基本必要因素。

（一）在线教学活动的要求

在线教学环节，学生需要根据自身的情况确定各自的学习路径，而学习路径的确定体现了学生在线学习个性化的情况。线上教学资源包括视频部分的教学目标、教学内容以及相关的小测试、单元作业等，其内容相对机动，可以包括预备知识的介绍、重点内容讲解和习题选讲。教学视频是支持在线学习最重要的资源之一，合理运用教学视频能够有效吸引学习者的注意力，增强学习动机，提高学习成绩，增强学习满意度。

现有的在线开放课程中的交互形式归为三类：人—人交互，学习者—内容交互，学习者—界面交互。在线学习环节设计中，至少应包含学习者—内容交互的内容，具体可以通过设置进阶题目、问答题等实现学习者与学习内容的交互。这样安排有利于不同层次的学习者通过线上学习获取课程知识，不能通过自主学习解决的问题或疑惑，可以提交到学习平台上的互动空间，与同伴或老师交流讨论，获得必要的帮助。任课教师在进行教学设计时，可以先建立讲授内容的知识图谱。与此同时，还可以通过记录学生的学习轨迹对学生生成形成性诊断，了解学生学习困难的症结所在。从教学效果上看，采取混合式教学后，相关学习内容的得分率可以提高很多。

（二）线下实践活动的要求

线下实践环节的评价采取学生互评与教师评价相结合，评价指标包括独创性、工作量、完成度、课堂展示四个方面，积极引导学生培养开拓创新、勤奋刻苦、善于沟通等与核心素养相关的技能。

不同课程从线上课程和课堂教学的特点出发，实施混合式教学模式的研究和创新，增加基于实践操作和虚拟实验的体验性环节。通过对布卢姆教学目标进行分工，在线课程侧重对基本概念和原理的学习和理解；课堂教学过程采用启发性问题导向式学习，帮助学生进行知识内化，侧重培养学生对知识的应用和评价；实践环节培养学生的创新精神，构建"在线学习+课堂讨论+线下实践"的混合式教学新模式，激发学生的学习兴趣，提高教学质量，为"互联网+"高校课程教学探索出新的道路。

第三节　混合式教学模式的服务体系构建

随着信息和教育技术的飞速发展，混合式教学越来越多地出现在高校的各类教学中，并显示出巨大的发展潜力和前景。随着中国高校数字化校园建设的不断发展，混合式教学也逐渐成为国内高校教学改革的重要内容。混合式教学就是把传统学习方式的优势和数字化学习或网络化学习的优势结合起来，也就是既要发挥教师引导、启发、监控教学过程的主导作用，又要充分体现学生作为学习过程的主体的主动性、积极性和创造性。高校混合式教学顺利、有效地开展，需要构建多层次、多维度的高校混合式教学服务体系，良好的学习环境是十分重要的。

一、以提升混合学习力作为目标

随着远程学习的不断发展，对在线学习力的研究应运而生。由于在线学习与传统的课堂学习在学习环境、学习活动组织、学习考核评价、学习过程管理方面存在不同，因此在线学习力在具备一般学习力基本特征的同时，强调在线学习环境的学习特性。而混合式学习则是将传统课堂学习与在线学习优势相结合的学习过程。因此，混合学习力兼具一般学习力，以及在线学习力的特征，关注重点在于如何实现线上线下的有机结合。

混合学习力是在混合学习环境下，混合学习者在学习过程中形成与发展的影响学习效果、效率与个体发展的能力，包括内驱力、认识力、意志力及应用力四个要素。内驱力是对学习者混合式学习活动起激活、推动和指向作用的内部驱动力；认知力是学习者建构知识与解决问题的能力；意志力是学习者抵抗外界干扰，专注混合式学习的能力；应用力是混合学习者将实践转化为学习结果的能力。混合式学习支持服务体系构建的主要目的在于提升学习者混合学习力，即激发学习者的内驱力，提高学习者的认知力，强化学习者的意志力，实现学习者的应用力。

二、以基于 SPOC 的翻转课堂混合式学习为核心

高校建设的线上线下混合式课程主要是基于慕课、专属在线课程（SPOC）或其他在线课程，运用适当的数字化教学工具，结合本校实际对校内课程进

行改造，安排 20%～50% 的教学时间实施学生线上自主学习，与线下面授有机结合，开展翻转课堂、混合式教学，打造在线课程与本校课堂教学相融合的混合式课程。因此，混合式学习支持服务体系应该围绕基于 SPOC 的翻转课堂混合学习模式建立。基于 SPOC 的翻转课堂混合模式的学习过程包含以下内容：

第一，开课学习准备阶段。在开始课程正式学习之前，学生通过教师提供的课程介绍、课程教学大纲、课程教学日历、课程考核方案等，准备课程学习所需的设备，学习课程所用 SPOC 平台的功能，确定课程学习目标，制订课程学习计划，做好课程学习的各项准备工作。

第二，课前自主学习阶段。学生按照教师发布的课程通知，进入 SPOC 平台查阅课程导学，按要求观看课程视频、阅读课件，完成课前测试等相关任务；学生对于自己未能理解的疑难问题，可以通过 SPOC 站内讨论区或微信等交流平台与教师或其他学生探讨。对于在线未能解决的问题或提出的新问题，整理后带至课堂，面对面地求助于教师。

第三，课中内化学习阶段。学生认真聆听教师讲解整理总结的课前线上学习重点、难点以及反馈的疑难问题，将相关知识内化理解，并积极参与完成教师布置的课内教学活动，如情景模拟、角色扮演、项目训练、案例讨论、交流辩论、合作探究、问题研讨、实验等。在课堂活动过程中，学生遇到问题可以通过独立思考、相互交流、共同研讨的方式解决，也可以与教师进行一对一或一对多的交流，在教师引导下思考更深层次的问题。活动结束后，学生可在班内分组展示自己的作品或讲解自己的研究成果，完成学生自评、互评。

第四，课后拓展学习阶段。学生在 SPOC 平台上按时完成教师布置的课后作业，根据个人学习进度和学习兴趣阅读拓展资源，对于感兴趣的问题或疑难问题，通过 SPOC 站内讨论区或微信等交流平台与教师或其他学生探讨，进行学习反思，完成本次课的学习总结。

第五，结课学习总结阶段。期末，学生总结课程过程性考核情况，查漏补缺，明确在学习中存在的问题，重点加强学习。按时参加课程结课考核，并完成本门课程的学习总结。

第三章　智慧课堂背景下的混合式教学模式革新

随着现代信息技术的飞速发展与推广应用，人类社会进入"智慧时代"，高等教育也打上了"智慧"的烙印。基于智慧课堂的混合式教学模式有机融合了现代信息技术与教育教学实践，建构了"线上"与"线下"共融共通的体系，实现了教与学的交互。基于此，本章主要探讨智慧课堂与智慧学习环境、基于智慧课堂的线上线下混合式教学模式、智慧课堂背景下的混合式教学模式革新。

第一节　智慧课堂与智慧学习环境分析

一、智慧课堂分析

随着互联网技术在我国的快速发展，各行各业的发展都已经与互联网技术捆绑在了一起，可以说互联网技术的提升对我国经济的快速发展起到了重要作用。"互联网+教育"，顾名思义，是将互联网技术与传统教育充分结合的一种新型教育方式。这种教育方式优点是可以不受时间与空间的限制，目前已经成为很多学生在学习过程中的重要手段与方法，是提升学生成绩的重要手段之一。如今，"智慧+"是社会发展的大趋势，智慧课堂是大数据环境下课堂教学的重要发展方向。高校在互联网背景下建立智慧课堂是大势所趋。

"智慧课堂作为信息技术快速发展条件下的必然产物，通过采用信息技术对教学方式方法进行改革，将信息技术的创新与教学两者融合，能够构建个性化、数字化、智能化的教学课堂环境与内容，这种全新的教学方式主要培养方向是在传授知识的同时，促进学生的智慧思维和信息素养的培养，塑造社会需求的高素质复合型人才"[①]。

当前，国内各基础教育与高等教育均已开展大量的以智慧化手段辅助教学的改革活动，现今的教育领域，智慧课堂教学模式已经成为诸多教学改革的重要研究对象，越来越多的学校正在尝试着通过智慧课堂教学模式展开教学工作。对智慧课堂中的教学模式进行设计，从应用角度进行研究，能够在保证智慧课堂通过互联网、大数据和通信技术与学生进行沟通交流的同时，确保课堂的教学质量，避免为了追求新颖教学方法而忽略实际教学质量的情况出现，进而达到提升人才培养质量的目的。

随着教育改革的不断推进和课堂教学改革的不断深化，对教师应对教学活动的多变性、不确定性，以及教师对课堂的掌控都提出了更高的要求。让智慧唤醒课堂，让智慧引领教师专业成长，是时代的呼唤，是教师专业成长的需要，是课堂教学焕发生机与活力的契机，也是新时期教育教学改革的重大使命，目前进行的"建构智慧课堂"的课题研究有着鲜明的时代意义。

智慧课堂是以建构主义学习理论为依据，以"互联网+"的思维方式和大数据、云计算等新一代信息技术打造的智能、高效的课堂。其实质是基于动态学习数据分析和"云、网、端"的综合运用，实现教学决策数据化、评价反馈即时化、交流互动立体化、资源推送智能化，创设有利于协作交流和意义建构的学习环境，通过智慧的教与学，实现促进全体学生符合个性化成长规律的智慧发展的目的。

（一）智慧课堂的功能

第一，智慧课堂软硬件部署简单，可进行跨平台教学，在不同智能平台使用时兼顾性较强，可进行个性化配置，搭建智慧课堂环境较为容易。

第二，各教学环节进行覆盖，教师的课前准备、课上教学、课下辅导、课后测验等功能齐全，课前、课中，课后三个阶段教师都可以对学生的学习活动进行监督，在教师与学生之间形成纽带，促进学生学习效率的提升。

[①] 韩佳伶. 智慧课堂背景下混合式教学模式改革研究 [M]. 长春：吉林大学出版社，2021：48.

第三章 智慧课堂背景下的混合式教学模式革新

第三，平台资源众多，可通过智慧学堂进行互通，通过教育资源公共平台共享，同时可以建立专属的教学资源与学习教程，使学生能够在短时间内获取海量的教学资源，教师可通过互联网将课堂资源上传至教学平台，实现各区域间的教学资源共享。

第四，具有独特的数据分析功能。智慧课堂教学过程中存在着大量的数据交互，能够为教师提供足够的有关学生学习情况的数据，为教师提供可行的教学建议，提供进行个性化辅导的依据。

（二）智慧课堂的特征

智慧课堂是以"互联网+"的思维方式，利用大数据、云计算等新一代信息技术打造的智能、高效的现代化课堂，智慧课堂具有以下特征，具体见图 3-1。

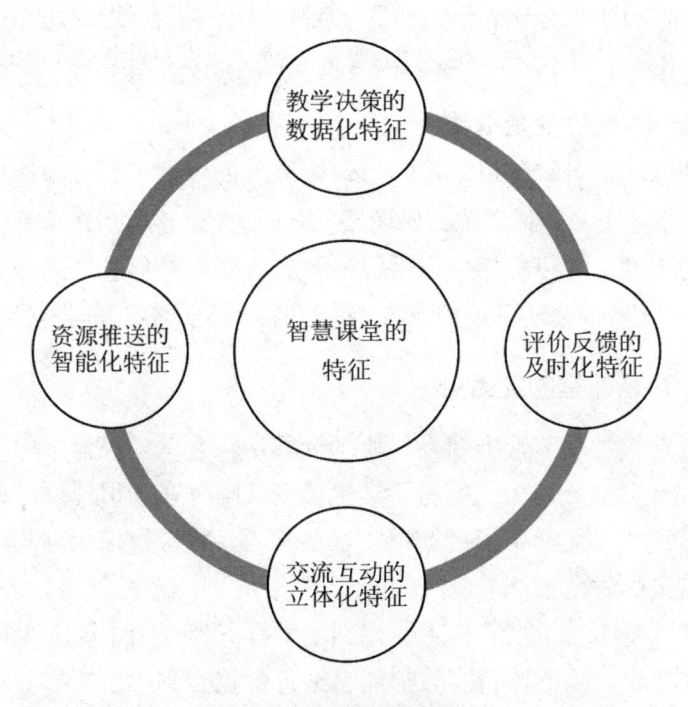

图 3-1 智慧课堂的特征

1. 教学决策的数据化特征

智慧课堂的教学需要以互联网传输为起点，以信息技术平台为教学辅助支撑，在学生学习的动态时间内，收集学生的学习过程信息并加以数据分析，通过可视化的方式进行呈现。智慧课堂模式使传统教学中教师仅通过课堂效果、答题分数掌握学生学习效果，转向为通过学习数据更加精准地掌控学生实际的学习情况，使教师在教学过程中能够根据数据反馈，更有效、及时地调整教学内容和教学方法。

2. 评价反馈的及时化特征

智慧课堂教学采用的是动态学习评价模式，在教学过程中能够对学生整体学习环节，包括课前预习、课中学习、课中测试、课后作业等都进行即时监测并实时反馈，可根据设置的阈值对需要预警的学生及时加以提醒，这种行之有效的反馈方式重新构建了现代教学的评价体系。

3. 交流互动的立体化特征

智慧课堂使师生交流沟通的途径变得丰富多样，学生与教师、学生与学生之间都可以利用网络实时沟通，除在课堂内与教师进行沟通外，学生也可以在课后的时间通过云端平台等方式与教师交流，摒弃了时空和空间的概念，实现了师与生、生与生之间的全天候异地交流，这也是智慧课堂的重要特征。

4. 资源推送的智能化特征

智慧课堂在针对学生可使用的学习资源方面提供了更多的选择，可在课程平台上共享各类多媒体资源，如视频、电子文档、图片、声音等课后复习、拓展的学习资源，并可根据学习进程设置有针对性的信息推送方案，根据不同学生的个性化需求推送不同类型的学习资料，提升学生的学习效果。

（三）智慧课堂的优劣势

智慧课堂教学环节紧凑顺畅、科学合理，辅之以多媒体手段，使学习过程更加直观、形象、具体，更易于学生接受。同时在知识传授时，将方法指导融入教学过程，使学生学会知识、学会学习，将课程知识与实际相联系，提升学生的实践动手能力。

在智慧课堂中，学生的自主性得到了发挥，但对于不能完全保证自主能动性的学生来讲，缺乏监管。教师能够通过数据看到学生的学习情况，但数据的传递无法反馈到课上，无法像在传统课堂中教师能够通过学生的表情、神态、语言等，直接感受到教学效果，继而调整教学内容和教学重点。

（四）传统课堂与智慧课堂的区别

传统课堂与智慧课堂的区别如图3-2所示。

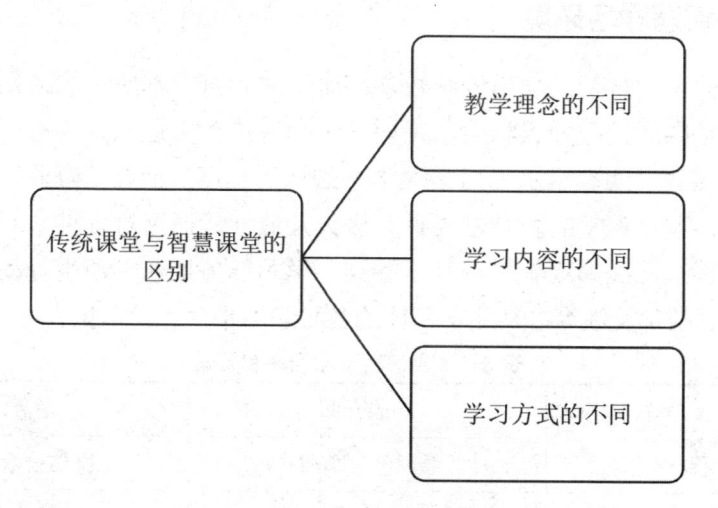

第三章 智慧课堂背景下的混合式教学模式革新

图 3-2 传统课堂与智慧课堂的区别

1. 教学理念的不同

传统教学采用"三中心"思想,即以教师为中心、以教材为中心、以课堂为中心。这种教学理念重点强调教师、教材、课堂的重要性。学生在学习过程中主要跟随教师的教学内容,以书本教材为中心学习知识。智慧课堂教学采用"以学生为中心"的思想,通过云端进行课前预习、课中互动、课后复习的方式进行学习,使课堂整体的中心点从教师转向学生,使教学具有强烈的主观能动性,强调实践认知。

2. 学习内容的不同

传统课堂主要由教师在课堂上通过教材对学生进行知识传递,学生是知识的接受者,被动接受教学内容。智慧课堂采用智能设备平台对学习内容进行海量推送,使学生在课前进行充分预习、课中进行互动交流、课后复习信息回馈,使学生通过智能设备培养研究、分析、创造的学习能力。

3. 学习方式的不同

传统课堂的学习方式主要是由教师讲授,学生被动接受的方式进行的。智慧课堂的学习方式在教学过程中更加注重学生在实践能力、思维能力和创造能力方面的培养。通过案例分析、翻转课堂、小组讨论等多个环节激发学生的求知欲。

二、智慧学习环境

智慧教学的学习环境与传统教学相比，两者有着本质性的区别，传统教学是在课堂内通过教师、学生和黑板三个角色进行沟通的方式进行，教学效果完全依靠教师的教学水平与学生学习的认真程度。而在"互联网+"这个大背景下，智慧课堂的教学方式具有极大开放性，通过对各种学习应用软件的不断完善，已经形成集平台学习签到、学习任务推送、师生互动、作业部署与评价、教学反馈等多功能于一体的各种学习平台，具体见表3-1所示。

表3-1　当前智慧学习平台汇总

平台名称	功能介绍	平台
雨课堂	智慧教学软件	微信公众号
腾讯课堂	教学与会议平台	腾讯公司
猿辅导	智慧教学软件	猿辅导智慧教学
课堂派	课堂管理工具	微信公众号
钉钉	互联网网课	钉钉
蓝墨云班课	手机课堂	App软件
超星学习通	在线学习	App软件

智慧课堂部分软件的主要特色见表3-2所示。

表3-2　智慧课堂部分软件的主要特色

平台名称	主要特色
雨课堂	采用名校课程的教学内容，线上运用较为简单；便携性强，可通过弹幕进行实时反馈；覆盖课前、课中和课后的教学数据
腾讯课堂	拥有海量的教学资料，大量视频教学内容可在课堂上使用；登录方式简单，可用微信或QQ号直接登录；可进行线上直播，亦可收看录播的课程，授课方式灵活
智慧树（知到App）	提供辅助教师线上线下教学等服务支持；平台上已汇聚共享课、实践课、虚拟实验课等多种类、上万种优质课程
猿辅导	大量学习资料、解题攻略与视频
课堂派	在线批改、师生互动、数据统计、课堂管理、资源管理、互动社区
钉钉	我国领先的智能移动办公平台，具有签到、实时了解学生动态、在线交流等功能

续表

平台名称	主要特色
蓝墨云班课	辅助教学工具，包含课堂过程监控、测试、作业评分、课堂表现、小组合作等功能，激发学生在智能移动设备上的兴趣，以数字教学方式为基础，对学习过程进行跟踪与评价
超星学习通	面向智能手机、平板电脑等移动终端的移动学习专业平台。用户可以在学习通上自助完成图书馆藏书借阅查询、电子资源搜索下载、图书馆最新资讯浏览，学习学校专业课程，进行小组讨论，查看本校通讯录，同时拥有超过百万册电子图书、海量报纸文章以及中外文献元数据，提供方便快捷的移动学习服务

第二节 基于智慧课堂的线上线下混合式教学模式

作为教育信息化 2.0 时代的全新教育生态，智慧教育在理论研究和实践探索方面呈现逐渐升温的态势，衍生出"智慧教学""智慧课堂"等概念。在理论研究方面，学术界对智慧教育展开多维研究，包括智慧教育的内涵、特征、理念等；在实践探索方面，更加侧重设计与应用，包括教学设计、教学模式、课堂学习等。智慧教育实现了教育的智能化、信息化、现代化，因此有学者认为，智慧教育对传统教育模式带来了颠覆性的挑战。

在这种背景下，如何将智能技术充分运用到高等教育教学实践中，或者说如何实现高等教育教学的智能化和技术化，成为当前值得思考与探索的主要问题。在这一问题的解决上，混合式教学模式具有较为明显的优势：一方面，混合式教学模式以新兴智慧技术为基础，强调学生的主体性与积极性，打破传统课堂教学模式的局限性，实现跨时空链接，将"线上"与"线下"有机融合起来；另一方面，混合式教学具有开放性、便利性和交互性等优点，能够实现教学主体、教学资源、教学空间等多重元素的协调统一，同时还保留了传统教学模式的优势，更具有变革、突破、创新与优化的特点。

"基于智慧课堂的混合式教学模式的实质是将现代教育技术深度、有机融合到高等教育的各个环节和全过程中，通过对教学的精准指导，建构教与学的目标、过程、评价等多位一体的整体框架，以实现知识的传递与教育、技能的训练与实践、智慧的培养与形成"[1]。基于此,围绕"学为中心""能力培养""多元评价"等核心问题,融入现代智慧教学理念,融合现代教育技术,建构基于智慧课堂的混合式教学模式框架体系。该体系具体包括两个主体、三个环节和四个内容。

首先,两个主体,即教师与学生。基于智慧课堂的混合式教学应坚持智慧教育理念,牢固树立"以学生为中心"的核心思想,处理好教师的"教"与学生的"学"之间的关系,实现"教"与"学"的交互。一方面,教师发挥主导作用,突出学生的主体地位,调动和激发学生的自主学习和探究式学习的积极性。在基于智慧平台开展混合式教学过程中,将"学生应该掌握什么内容""学生如何掌握这些内容""如何了解学生是否掌握及掌握的程度"等作为课程设计的出发点,将课堂知识用智慧平台加以"包装"并以全新的面貌呈现在学生面前,激发学生的热情和兴趣。另一方面,学生可以根据自己学习的情况有选择性地进行自我调整,对感兴趣的知识进行深入了解,遇到不了解或有难度的知识可以与老师、同学进行交流等,学生成为学习的主体。此外,还可以实现教与学的交互,打破和扩展了原有的封闭时空环境。

其次,三个环节,即教学流程中的课前、课中与课后。基于智慧课堂的混合式教学模式既保留了传统教学模式的优点,也依托智慧教育平台实现"线上"与"线下"的深度融合。课前,教师应对学生开展学情分析,根据学生的实际情况完成智慧环境的设置,选择合适的智慧教学平台,继而引入线上资源,完成教学设计。在课前的"线上"环节,教师的主要工作包括建立班级、学情分析、链接资源、布置任务,根据学生反馈的结果及时调整线下教学内容、教学过程和活动,以实现精准教学。课中,教学活动以"线上+线下"的方式进行,教师应根据学生线上学习状况设计教学活动和过程,进行情境创设;根据教学内容的重点与难点、学生线上学习的状况及个性化问题开展探究性学习;通过智慧教学平台对学生的认知、理解和掌握情况进行随机测试和实时监测,就发现的问题和存在的漏洞及时进行补充,提升教学质量和学生学习效果。课后,教师进行教学检验与总结,拓展课堂空间。教师可以利用智慧教育平台发布课后作业、推送相关学习资源、开展线上答疑,并对学生学习效果进行评价,反思教学,进行调整。

---

[1] 杨佳佳,黄莹. 基于智慧课堂的线上线下混合式教学模式研究[J]. 山西青年,2022(13):35.

最后，四个内容，即教学理念、教育目标、教学过程和教学评价。教学理念是指导教育教学活动开展的重要思想。智慧教育时代背景下，混合式教学贯彻以学生为中心的教学理念，具体包括：学为中心、能力培养与多元评价。基于此，教师制定具体的教学目标。教学目标是混合式教学模式的核心，是教师开展教学活动的出发点和落脚点。作为人才培养的主阵地，高等教育应突出学生能力的塑造。教学过程是目标导向下的资源、环境、活动与方法的连续统一，教师按照课前、课中和课后的时间线，综合运用"线上""线下"双通道开展教学活动，加强引导，突出学生的自主探索学习。教学评价与教学目标相对应，是衡量教学目标与教学过程是否合理、科学，以及人才培养质量的重要环节。因此，应坚持标准多元与形式多元的原则，对应教学目标中能力培养的出发点，在评价中应突出学生能力的考量，兼顾量与性的综合判断。

综上所述，基于智慧课堂的混合式教学模式，对现代信息技术与教育教学进行融合，突出学生主体地位和教师主导作用，将教学理念、教学目标、教学过程和评价贯穿教学的课前、课中与课后环节，强调学生为先、能力为本、评价多元，以促进学生综合素质的提升与高等教育质量的提高。

第三节 智慧课堂背景下的混合式教学模式革新

学生学习成绩的提高是一个缓慢持续的过程，需要遵循教育教学规律循序渐进。智慧课堂教学模式是与传统教学模式完全不同的一种新型教学模式，智慧课堂教学利用信息化手段引导学生由浅入深地进入学习状态，培养和提升学生自身的学习能力，达到人才培养的目的。智慧课堂教学更多是采用学生自主自发学习的方式，与讲授式传统教学方式相比，更有利于培养学生的自制力与终身学习的能力，但同时也是对学生自律能力的一种挑战。智慧课堂教学模式下的教学目标是按照层级分步骤的，首先需要完成课时目标，通过课时目标的完成进而达成单元目标，在各单元目标全部完成之后相当于完成了整体的课程目标。

智慧课堂教学模式以培养高素质、复合应用型人才为目标。课程采用线上线下混合式教学模式，实现在线课程多种形式的应用与共享，实现从以教为主向以学为主，以课堂为主向课内外结合的转变，实现优质课程资源的共享共用，提升教育教学质量，将知识、能力、素质有机融合，培养拥有系统化思想和较高素质，具有一定的分析能力、实践能力、创新创业综合能力与高级思维能力的卓越人才，形成"互动共享、通力协作、自主探究"的学习共同体。

智慧课堂背景下的混合式教学模式革新需要从以下六个方面着手，如图3-3所示。

全覆盖教学资源

全路径教学方法

全过程评价机制

全方位教学实践

全师资教书育人

全反馈优化机制

图3-3 智慧课堂背景下的混合式教学模式革新

一、全覆盖教学资源

第一，在传统线下课程基础上，根据线上信息化的特点优化课程内容。课程的授课对象分为多个不同专业的学生，根据各专业的培养目标与职业需求，重新梳理课程章、节和知识点的内容。以学生职业能力要求和实践能力提升为导向对课程教学进行整体规划，以专业知识为基础进行课程内容优化，同时将思想政治教育元素有机融入教学中，运用历史和人物的教育作用，注重学科文化育人，崇尚科学精神，推进大学生素养培育，培养学生利用所学知识解决复杂问题的综合能力。

第二，完善教材建设。遵循教育教学规律，坚持高起点、高标准和严要求，参考国家规划教材和国内外经典教材，将在线授课中的知识点与线下课堂中的实际案例、社会热点等资料相结合，充分体现知识的系统性、科学性和前沿性。随着课程建设的不断优化，教材内容将随之完善更新。

第三，丰富行业案例。收集具有较高应用性、实践性和真实性的社会实际案例，结合课堂知识点对其进行集中整理和深入加工，构建课程教学案例库，作为教学内容的有效补充，提升学生理论联系实际的能力。

第四，与本学科研究前沿相结合。结合本学科科学研究前沿问题和进展，将最新的科研成果与课程内容融合，增加课程的科技前沿性，提升学生的创新能力。

二、全路径教学方法

第一，采用线上线下融合的教学模式。依托优质在线开放课程平台以及现代信息技术，实践和探索线上多元化教学与线下多模式教学的有机结合，使课堂教学向课堂外教学延伸。设计并录制慕课、微课视频作为线上学习内容，确保课程内容的前沿性和实时更新，拓宽线上平台学生自主学习资源，增加行业动态信息，促进学生学习过程中将知识消化吸收。构建师生网上实时立体化互动交流平台，提高师生交流互动，提升教学效率。

第二，牢记以学生为中心的教育思想。综合应用翻转课堂、基于项目的教学方法（PBL）、基于团队的教学方法（TBL）等进行教学，运用平行互动、以练带讲、案例点评、生问生答等多种线下课堂教学模式，探索培养信息领域创新人才的教学方法。

第三，注重学生个性化培养。实施"个性化—专业化"课程教学形式，根据课程性质，若课程面向不同的学生群体，专业方向不同，依据专业方向设置课程内容及教学方法，分为信息技术类、系统管理类及企业组织管理类。通过对课程内容重组，迎合经济、管理、工学等不同背景学生学习需求，促进教学过程中师生间深度互动交流。

三、全过程评价机制

第一，强化考核过程化。课程采用过程性考核与实践性考核相结合的考核形式，重点在于考核学生对知识点理论的掌握和对应用知识点的实践能力。结合课程的内容框架体系，分章节分别布置学习任务，使学生在学习过程中熟练掌握内容的前后关联，并时刻思考如何利用所学知识分析和解决社会生产生活中的实际问题，最终能独立设计解决方案。在授课过程中，通过课后作业等形式，引导学生将前沿技术发展现状融入课程内容中，提升学生自主构建知识体系的能力。全过程评价引导学生全过程、全身心投入学习，根据学生日常考勤、课堂表现、平时作业、阶段考核、期中和期末考试等多方面综合评定课程最终成绩，引导学生注重课程学习过程，提高自主学习能力。

第二，考核标准精细化。采用标准与非标准考核相结合、灵活考查与基础考核相结合、个人成绩与团队成绩相结合的原则。通过基础标准化考试，倒逼学生回归基础，理解和掌握信息系统建设核心理论、基本原则等基础知识，加强学生专业素养培养。通过灵活的非标准考核方式，打破认知局限，培养学生的创新意识、团队协作精神和创造能力。

第三，考核形式多样化。建立多元化学习评价体系，探索线上与线下融合、过程性评价与终结性评价相结合的多元化考核评价模式，课程设计、调研报告、实践活动、文献研读、案例分析等，均可作为考核评价内容，课程成绩由过程性考核和终结性考核综合评定。以促进学生从关注考核的最终结果到关注考核的具体过程，从"背诵式"学习向"思考式"学习转变。

四、全方位教学实践

第一，引入项目实战，深化"政—校—企—行"合作交流，实现校企"共育"人才。依托学校和专业校企合作人才培养实践基地，将企业真实案例引入课程实践教学环节，依托校内实验室、企业实验室实践环境，通过工程项目实战、角色扮演，使学生体验项目研发全流程，强化学生理论知识基础，提升项目综合设计和实践能力，增强科研素养和团队协作能力。

第二，提升校企协同，接轨产业发展，深化校企协同。聘请企业实践专家参与课程体系建设论证，构建课程标准和职业标准联动开发机制，推动课程内容与职业标准相衔接，重新规划课程内容，建立符合产业导向和企业需求的课程体系。开展校企人才联合培养基地建设，聘用企业实战专家为实务导师，推进校企协同育人模式，形成双向参与、双向评价、双向反馈的课程教学质量保障体系。

第三，促进创新创业能力发展，引导学生将课程中学习到的知识用于实践，通过参加"互联网+"大学生创新创业大赛、大学生创新训练计划项目等多类型学科竞赛锻炼综合能力。竞赛项目能够成为促进学生全面发展的展示平台，成为推动产学研融合的纽带。根据学生的兴趣，可组建项目孵化团队，结合大数据分析、人工智能等技术，培养具有敢闯会创、百折不挠的创业精神和创新能力的应用复合型人才。

五、全师资教书育人

第一，师资队伍建设梯队化。由学术卓越、教学经验丰富的教师主导梯队建设，专家学者领衔学术研讨，教学能力强的教师进行日常教学。针对青年教师、骨干教师、领军人物三类不同群体分别开展有针对性的进阶式培训，实现青年教师科研启动经费、导师制全覆盖，充分发挥教师的特长和优势。建设"国际化"师资队伍，选派教师出国访学进修学习，进行信息技术与学科知识及教学方法融合的高阶培训，紧跟时代脚步，学习本课程的国际前沿理论和方法。将课程教学团队打造成省级乃至国家级优秀教学团队。

第二，培养教师信息化能力。将师资培训贯穿教师发展全过程，提升教师使用各类信息化软件的能力，创造各类培训机会，培养教师信息化条件下的教学能力和创新意识，助力教师成为将学术、技术和艺术深度融合的信息化时代优秀教师。其中，学术是指扎实的专业知识；技术是指熟练使用信息设备和资源；艺术指的是信息化教学的设计和组织。

第三，组建多元化教师团队。将企业专家加入教师团队中，形成由教学名师、专任教师、企业专家和技术骨干等人员组成的教学团队。让教学团队专任教师到企业实践锻炼，参与企业的实际工作，深入了解企业对专业人才的技能需求，理解课程知识的应用现状；安排企业技术骨干担任学校兼职教师，指导教学实践，将企业第一手业务资料应用于教学，使学校的教学及实践操作与企业无缝对接。

六、全反馈优化机制

混合式教学中的线上课程并不意味着将课程学习环节完全交给学生来独自完成，而是需要教师对学生学习数据信息进行全方位搜集、整理、分析和监督，有针对性地对存在的问题加以改进，力争打造符合学生培养需要的高水平的一流课程。

第一，在线学习数据分析。搜集学生在线课程学习的具体时间段、频率、时长、操作次数、答题准确率等信息，分析学生是否全身心、有效地投入在线学习，是否存在突击学习的现象，是否能够有效利用碎片化时间进行学习等。如果出现不理想的学习状态，可以通过对每一节课设定一定的学习期限，在后台适时发出提醒信息，督促学生在规定时间内完成学习任务。

第二，学习效果反馈。搜集学生在线学习后完成课后作业及测验的情况，分析学生是否找到有效的学习途径，主要采取的学习策略有哪些，是否能够充分利用拓展资源开展深度学习等。与投入时间和精力较多的学生进行深度访谈，了解课程投入是否给他们带来了较大的压力或负荷。建立相应的评价机制，分析学生在面对学习中碰到的问题时是如何选择解决方案的，充分吸纳学生的评价意见，从而制定有力的解决措施，适时调整教学方法和教学要求，加强学习过程监管，提供相应的学习方法指导，帮助学生更好地学习。

第三，优化教学方案。对学生在线课程学习的状态数据进行分析，根据实际情况判断是否需要配备相应的课程学业导师，对学生网络课程的学习提供全方位指导，是否需要提供详细的平台功能的介绍和使用指南。定期进行网络问卷调查，搜集学生对本门课程线上和线下的评价，是否对全新的学习模式存在一定程度的不适应性，从学生的角度给出改进的意见和建议，以便教师采取相应的积极改进措施，为学生更好地开展线上线下混合式课程学习提供帮助。

第四章 基于 BOPPPS 教学模型的混合式教学模式

随着远程线上教育的开展，BOPPPS 教学模型被越来越多的高校使用，BOPPPS 模型下的混合式教学有很多优势，如能够吸引学生注意力，提高学生自主学习能力；明确课程学习的目标后，及时地对学习进度进行调整；鼓励学生参与，提高学生的学习效果；促进师生共同反思与进步。基于此，本章主要探讨基于学习通+BOPPPS 模型的混合式教学设计、基于 BOPPPS 的课程思政混合教学模型构建、基于 BOPPPS 模型的混合式教学改革实践、基于 BOPPPS 模型的混合式教学效果研究。

第一节 基于学习通+BOPPPS 模型的混合式教学设计

从打造"金专""金课"，到锻造中国"金师"，专业、课程、教师三者是相辅相成的，专业是基本单元，课程是核心，教师是决定力量。"金课"是助力"金师"打磨"五术"的关键之一，"金课"就是要高度重视课堂教学，营造有温度的教学氛围，能有效利用数字化技术手段，助力线上线下混合式教学落地，从而提升课程建设与改革成效。因此，为了将"数据库原理及应用"更快打造成"金课"，锻造更多的"金师"，借助学习通平台，将 BOPPPS 模型融合到混合式教学设计中，该方式始终贯彻学生为中心，构建师生、生生参与的互动式学习课堂，带动数据库课堂风气正向发展，提升教与学的质量，从而保证高等教育自身发展的持续力。

"超星学习通是教师上传课程的教学资源、推送课前任务通知,布置课前预习内容的教学平台;它也能在课中发布班级活动、课后全程督促、监控和统计学情信息,还可布置课后作业课后及时总结;所以,它更是一个完善的数字化教育平台"[①]。通过学习通使手机成为学习助手,学生可以完成包括课前预习、课中讨论、课后作业、测试以及考试的整个教学过程中的任务。

BOPPPS模型强调以学生为中心,注重学生参与式学习。BOPPPS模型由六部分组成,如图4-1所示:导言(Bridge)、目标(Objective)、前测(Pre-assessment)、参与式学习(Participatory learning)、后测(Post-assessment)、总结(Summary)。该模型将教学过程分为课前、课中和课后三个阶段,课前阶段包含:①导入:课前在学习通中导入微课视频或者新闻报道,引人入胜,导入学习内容;②课前目标:针对课前导入内容,在学习通中给出课前学习目标;③课前摸底:学生需在学习通中完成课前摸底测试题,即完成课前学习目标。课中阶段包含:①借助学习通平台丰富课堂教学,如签到码签到、抢答、课中随机选人、小组任务、个人问卷等,辅助线下课堂教学活动的完成;②课中教学采用讲授予案例相结合法,基于问题驱动和成果导向,完成随堂测试,验收学习成效。课后阶段包含:在学习通平台上传章节思维导图,引导学生进行课后复盘,布置相应的作业,在学习通中通过组内互评、自我评、教师评,完成教学评价,继续健全学习目标。

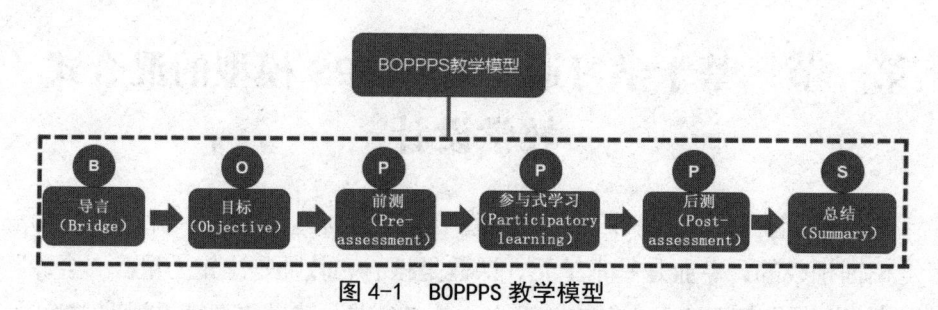

图 4-1 BOPPPS 教学模型

整个教学流程以参与式学习为中心,承接课前预习内容,贯通课后测验与应用。课前知识赋能阶段通过学习通推送通知、互动应答的方式进行;课中知识内化阶段采用翻转课堂、任务驱动等多元化教学形式;课后提升进阶是完成小组作业或者项目展示答辩,构建预习—学习—应用一体化的

---

① 宋倩,罗富贵,肖辉辉. 基于学习通+BOPPPS模型的混合式教学设计与实践[J]. 现代信息科技,2023,7(2):179.

第四章 基于 BOPPPS 教学模型的混合式教学模式

教学流程。

本节以"建筑设备与节能"课程为例,探讨学习通+BOPPPS 模型在课程教学中的应用。建筑设备课程不仅强调知识传承,同样注重工程实践能力的养成。立足于有效教学理念,指导设计了集课前预习—课堂学习—课后复习于一体的完整教学"三阶段六环节"的教学模式。探索一种教中学、学中教、线上线下混合的课堂教学模式,让"课堂被动教与学"转变为"课堂主动参与学",从而获得较好的教学效果。设计案例如表 4-1 所示。

表 4-1 基于 BOPPPS 模型的混合式教学设计

教学环节		教学活动	学生活动	教学手段
课前		学习通发布课程资源	自主预习学习通资料,完成测验,反馈问题	学习通教学资源
课中	导言	(1)签到 (2)引入哈尔滨分户供暖案例,引起学生兴趣,同时引入思政元素(碳中和、节能环保意识)	(1)学习通签到 (2)参与课堂讨论并发言	学习通+BOPPPS
	目标	(1)知识与技能目标——线上线下共同完成 (2)过程与方法目标、情感态度与价值观目标——线下为主		
	前测	学习通发布测验题(选择题分户计量)	学习通投票作答(也可以做课前测验)	
	参与式学习	(1)PPT 动画精讲分户供暖形式,巩固强化。开启弹幕实现课堂互动及监测 (2)启发式、引导式提问:分户计量用什么方式才能节能?引出本节重点:分户计量方式 (3)方法:学习通摇一摇选人回答 哈尔滨分户计量了吗?哈尔滨的热费如何计价的?	(1)学习通弹幕随时表达疑惑;学生讨论,总结回答 (2)学习总结式学习方法,培养表达能力 (3)学生分组讨论,学习通抢答,培养学生分析能力和探索意识	
	后测	PPT 推出讨论测试题——分户计量运行调节与控制方式	学生结合本课本所学知识以及相关分户计量方式知识点作答	

续表

教学环节	教学活动	学生活动	教学手段
课中	总结：课程小结，引出课后反思		学习通＋BOPPPS
课后	学习通发布讨论话题——其他城市分户计量实施的如何？供热收费如何计算？有何困难以及方法	课外查阅资料，培养学生自主学习能力以及获取知识的能力	学习通

第一，导言。导言主要是预习任务与预习效果测评两个方面，对应BOPPPS模型的前三个环节（BOP环节），B环节是在学习通中观看课前微视频，O环节是教师在学习通平台发放课前任务，P则对应需要完成的课前摸底测试。

第二，目标。认知目标，熟练使用并掌握相关技能的用法。技能目标，培养学生的思考能力和使用函数查询的能力。情感态度目标，锻炼学生的自学和自我规范能力，系统培养学生理论结合实践的创新意识。

第三，前测。摸底测验主要是测试学生的预习成效。

第四，参与式学习。课中学习包括参与式教学与随堂测试两个部分，课中阶段主要是结合学习通完善教与学的互动活动。

第五，后测。后测的目的是验收学习成果。

第六，总结。BOPPPS模型的S环节对应的就是使用思维导图总结课堂内容和知识脉络，通过互动提问的形式，鼓励学生将所学所悟及所获随堂分享，检验课堂学习成效。

第二节　基于BOPPPS的课程思政混合教学模型构建

立德树人是教育的根本任务，而课程思政是高等院校落实立德树人根本任务的重要实施举措。BOPPPS教学模式将课堂教学分为六个模块，强调以学生为中心的同时极大地提高了课堂教学的系统性和有效性。基于BOPPPS教学模式，将线上线下混合式教学分为六个环节，将课程思政充分融入整个教学流程中，对于提高课程思政教学质量有着重要意义。

BOPPPS教学模型是以学生为中心，由引言导入、预期目标、课前评估、互动学习、课后评估和总结反思六个教学环节构成，其中，引言导入、预期目标和课前评估属于课前教学目标范畴，互动学习属于课中教学核心内容，课后评估和总结反思属于课后反馈优化教学范畴。课前、课后采用线上学习，可以帮助学生有效地利用碎片化时间学习，充分发挥学生的主动性。课中采用线下集中针对热点、重点和难点进行讲授，充分发挥教师的主导性，同时在线下互动交流过程中，重点培养学生综合素质，将知识传授、能力培养和思想引领融入课程教学的全过程。混合式思政教学使线上思政资源与线下课堂互动交流，从而实现深度融合，有助于提升课程思政教学质量。

一、基于BOPPPS课程思政混合教学模型的课前构建

（一）导言引入

引言导入的目的是让学生做好准备、调整状态，进入课程思政新内容的学习。可以通过线上融入党史、新中国史、改革开放史、社会主义发展史和中华优秀传统文化等思政元素的视频案例，导入课程新内容，帮助学生理解学习内容，引发学生的思考，引起学生的学习兴趣，并激发学生的学习积极性。

（二）预期目标

"预期目标是指学生通过学习应达到的课程思政预期成果和能力水平，学前要使学生充分明确每次课程思政的学习任务与学习目标"[①]。根据本杰明·布卢姆分类法，明确学习目标应从认知、情感和技能三个关键方面来确定。在认知方面可以通过课前评估了解学生课前所储备的基础知识和学习能力的基本情况。在情感方面应着力培养学生的民族担当意识、人类共同体意识，以及热爱科学、不断探索和敢于创新的精神，培养学生的逻辑思维，达到思政育人的目标。在技能方面要兼顾教学的基本要求，以及学生的知识水平和学习能力。

（三）课前评估

课前评估是开展有效课程思政教学活动的前提，能够更深入地了解学生

---

① 张亚茹. 基于BOPPPS的课程思政混合教学模型构建与实践[J]. 高教学刊，2022，8（36）：6.

的学习情况，帮助教师及时调整教学内容和节奏。课前评估可以把最新的时事热点作为课程思政教学切入点，通过各类学习平台设置单选、多选和判断等客观问题，对学生了解的知识点进行学情分析，同时帮助学生尽快融入课程思政教学过程中，潜移默化地培养学生在课程思政教学中主动性、钻研性和社会性的责任感，提高学生与时俱进的创新能力。

二、基于BOPPPS课程思政混合教学模型的课中构建

根据学生课前评估情况，可以识别出课程思政内容的重点和难点，及时调整授课内容倾向，帮助学生掌握重点和难点内容，线下授课可以通过讲授、直观演示、课堂讨论、案例剖析和情景教学等多种方法对错题较多的知识点进行重点讲解。此外，还应特别关注没有进行课前评估或评估结果较差的学生，帮助他们系统地学习本节课的内容，更好地巩固授课内容。通过线下丰富的交互式教学方法确保学生学习的有效性，以问题为驱动，帮助学生掌握信息并提高他们解决问题的分析能力，培养学生主动学习的习惯，在互动中加深对问题的理解，引导学生参与课堂教学活动。鼓励学生积极参与互动，根据所了解到的时政热点回答问题，并给予学生适当的点评。在授课点评中，重点关注如何有效促进学生综合素质的发展，将知识传授、能力培养和思想引领融入课程思政教学的全过程。

三、基于BOPPPS课程思政混合教学模型的课后构建

（一）课后评估

课后评估是每次课程预期目标的结果反馈。针对课程内容，从课前课后评估的结果，可以看出学生学习前后的变化。可以利用多种方法评测学生的学习效果。对于理论知识，可以采用简答、论述等方法。对于实践知识，可以通过描述具体的实践操作步骤，让学生组队完成实践，培养学生的实践能力。观察学生是否达到了课程思政预期目标，为后续完善教学提供参考。

（二）总结反思

总结课堂内容并分析整个课程思政过程中需要改进的地方，并反思学生是否达到了学习目标。帮助学生整合碎片化知识点，引导学生反思内容，主要从认知、情感和技能三个教学目标总结课程思政的知识要点，尽可能将知

识点梳理成线，便于掌握重点和难点，同时引出下节课需要讲授的知识点并布置作业，并不断总结反思，以便提高。

基于 BOPPPS 的课程思政混合教学是以学生为中心，将课程思政融入引言导入、预期目标、课前评估、互动学习、课后评估和总结反思六个教学环节，充分利用线上视频资源和线下互动交流混合式思政教学，达到全过程思政育人目标，培养学生的科研兴趣、爱国守法意识、社会责任感、民族担当意识和人类命运共同体意识等。基于 BOPPPS 的课程思政混合教学模式有助于激发学生对课程思政学习的兴趣、明确课程思政学习目标、抓住课程思政重点和理解课程思政内容。基于 BOPPPS 的课程思政混合教学模式为未来教师开展线上线下课程思政混合教学设计提供了一定的参考。

第三节 基于 BOPPPS 模型的混合式教学改革实践

随着信息时代的迅速发展，高校可充分运用学习通平台，开展基于 BOPPPS 的线上线下混合教学模式改革。在组织授课中，充分利用先进信息技术，整合优化教学方法和教学手段，转变传统的教学方式，将线下传统课堂与线上学习平台相融合，利用学习通等平台给予学生在课前、课中、课后一种全新的体验感受，丰富教学内容，激发学生兴趣，增加师生互动，从而形成灵活性强、互动性强、方便性强的，以学生为主体、教师为主导、练习为主线、应用为根本的有效教学模式。特别是对于基础性强，专业知识点较多、较细，时效性强，理论联系实际要求高的学科，教学效果极为明显。基于 BOPPPS 模型的混合式教学改革实践需从以下方面着手，具体见图 4-1 所示。

一、课前的线上自学阶段

在线上教学平台教师端建课、成立班级，把教学课件、短视频、时政新闻等资料上传至平台，课前针对性下达学习任务清单，便于学生明确学习目标，课后检验自己的学习水平是否达标。学生在课前必须了解教学内容的整体授课安排，教师应督促学生带着任务预习，使学生既有压力也有动力。教师将提前录制的教学相关内容与讲解的自学音频发布到学生端，使学生便于提前预习授课内容，清楚其重点和难点。学生端根据教师发布的内容，下载资源并独自完成课前学习任务，进行讨论、互动等，对疑难、困惑及时进行线上沟通。学生在自学中自省，可把汇总的知识要点或提问发布到班级群，方便同学间相互参照和学习，为学生提供多元化、多层次的学习内容。与此同时，教师还能及时察觉学生学习中普遍存在的问题，实时调整教学方案，完善教学内容与方式。这些都便于提升学生善于发现、善于发问、善于独立思考的能力，为课中学习奠定基础，以实现更好的教学效果。同时，管理者即时查看教学动态数据的教学载体，保证课程建设常态化，常建常新，严把教学质量。

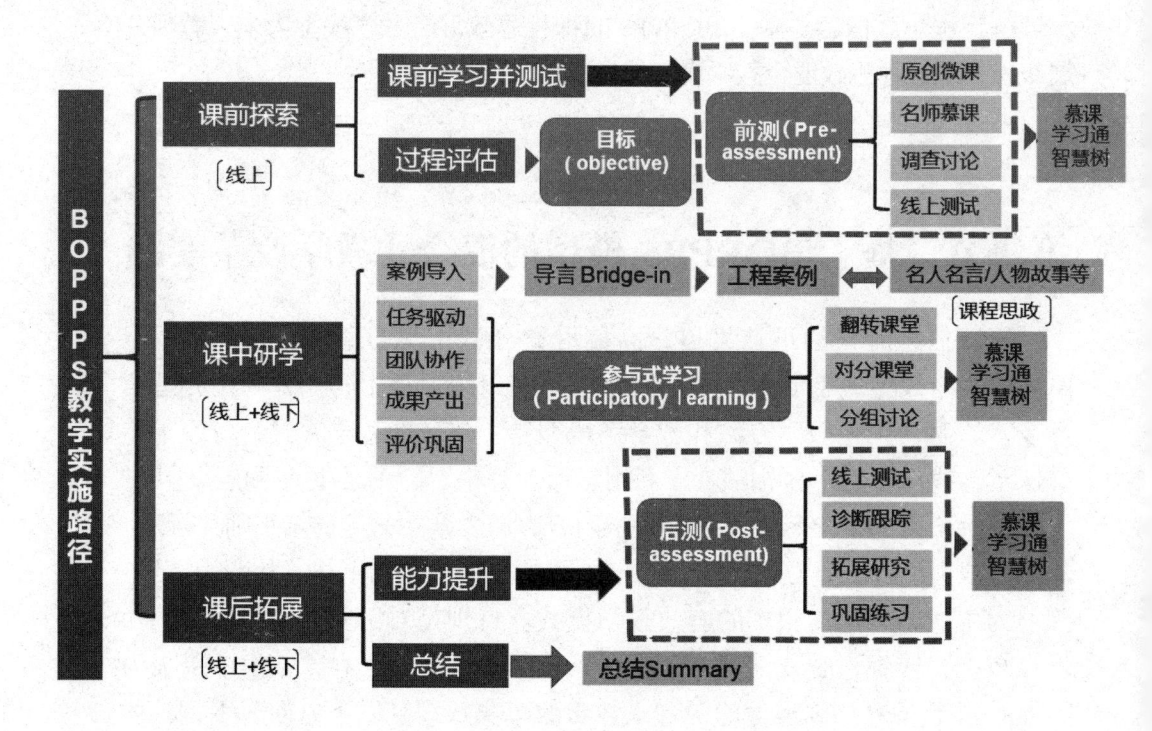

图 4-1 基于 BOPPPS 模型的混合式教学改革实践

二、课中的教学阶段内容

课中教学阶段主要包括课堂展示、重难点剖析、话题讨论、随机测试等多种活动。在授课中设计"课堂展示"活动，目的是让学生通过多种形式将课前预习及任务完成详情展现出来。不仅检验学生课前任务的完成状况，也提高学生的逻辑思维和语言组织表达能力，推进学生全方位发展。线上网络平台及时将 PPT 等教学资源推送学生，课中，教师依据学生课前阶段学习的结果反馈，针对性地设计多种方式的教学活动，保证课上教学更贴近学生实际状况和需求。在讲授过程中通过多元化教学方法对重、难点知识做出细致的讲解，充分突显学生在整个教学活动中的主体地位，运用启发式、情景式教学引导学习，结合线上展示实操过程，理论联系实际，最大限度地让每位学生理解和掌握教学内容，在解答学生自学时的疑问后进一步复习巩固，提高学生分析问题并解决问题的能力，提高学生独立思考和团队合作的能力。此外，教师要注重课堂的趣味性，充分运用网络平台签到、讨论、抢答、红包奖励、选人、随机测验、投票等活动，提高学生的学习兴趣，活跃学习气氛，让整个课堂活跃起来。师生间的良好互动有助于更好地实现教与学的目的。

三、课后的巩固提升阶段

"强力推进平台课程在线开放，资源共享，资源建设与教学互动联通，课程实时更新、教师实时答疑、学生随到随学"[①]。因课程学时有限，许多时候教师都完不成对所有知识点的讲授，线下课堂主要讲解该课程的核心内容，而其他知识点可用线上视频课程让学生进行自主学习。丰富试题库资源，内容涉及每个知识点，并随着教材内容的变化及时更新。实时发布章节测验，及时掌控学生对章节知识点的掌握情况，并进行点评与补充，强调重点、难点知识，提高专业理论应用能力。课后测验是学生对知识点的自我检查，也是对学习效果的直观反映。通过学生的综合平均分能直观地看到学生对知识点的掌握状况。充分利用学习通班级群聊，共享每天时事新闻并打卡，开辟第二课堂。课后，针对教学内容对学生提出更高的要求，敦促学生积极考证，以证促学、以考促学，激励学生参加企业实践，参与各种大学生技能大赛，提高学生职业素养和实操技能，激发学生学习兴趣，拓宽学生视野，培养学生思维方式，利用自身知识储备解决问题，使学生学以致用。

时代的变革给高等教育教学带来挑战，基于 BOPPPS 模型的混合教学模式是互联网时代教学改革的大势所趋，对当今高校教师也提出更高的要求。应充分利用 BOPPPS 模型的混合教学模式规范教学流程，在应用与研究的过程中不断探索和拓展教学研究的视野，灵活设计 BOPPPS 模型的混合教学模式各环节，在不变之中尽显变化。该模式不仅拓宽教学资源，进一步满足学生个性化学习需要，更强化对教学过程的管控，启发学生的自主学习意识，

---

① 吕建梅. 基于 BOPPPS 模型的混合式教学改革研究 [J]. 办公自动化，2023，28（1）：30.

运用多元化活动提高学生学习的主观能动性和课堂参与度，展现"以学生为中心"的教学理念，提高课程教学质量，为培养应用型人才奠定基础。

第四节　基于 BOPPPS 模型的混合式教学效果研究

BOPPPS 教学模式实际上是以构建的学习思想和功能法为主要的基础理论依据，其最主要的教育思想就是以学习者为核心，对学习中的教育流程做出细致规划，并把整个教育过程细分成六大层次：导言、目标、前测、参与式学习、后测和总结。BOPPPS 模型不仅内容相对比较明确与清晰，而且实践性与可操作性会比传统教学模式更强，能够将课堂教学变得更加系统化以及有条理性。因此，需要研究基于 BOPPPS 模型的混合式教学效果。

一、BOPPPS 模型可以促进学生自主学习能力

BOPPPS 模型主要的目的就是吸引更多学生的关注，让学生可以产生强烈的学习念头。基于 BOPPPS 模型构建出的信息化学习平台，可以通过对导学单的提前公布来明确导言的相关内容，以及学习内容、学习要求、课后思考等，这样可以引导学生进行积极的预习。通过在平台上发布的教学资源，例如学习课件、视频等，来满足学生的进行提前预习的需求。并且，通过 BOPPPS 还可以对学生的预习情况进行及时跟进,利用监督、鼓励、答疑等机制，充分地激发学生学习的兴趣，使学生自主学习的效率可以得到提高。学生还可以在 BOPPPS 平台上形成线上学习的记录，根据此记录可以及时地对学习过程进行了解与反思，针对学习过程中的不足，对后续学习方式进行及时调整。

二、通过 BOPPPS 模型可以及时调整教学目标

教师通过在学习平台上发布的每一个知识点，以及学生在对知识点进行学习后的掌握程度，对每一个知识点进行细化或者量化的调整。同时，还可以以布鲁姆教学目标中的认知领域内容为主要框架，引导学生自主对学习目标进行定义与评估，为后续的学习奠定基础。在了解了学生对知识点了解程度的基础上，通过结合当前的学习目标，对课程的进度进行及时调整。通过 BOPPPS 教学模型能够进行课堂练习前的测试，通过测验结果了解问题出现

的情况，并针对具体课程作出改进。也能够在课前进行测试，把握学生知识点掌握的状况，使老师和学生都能够对知识点的掌握状态作出明确了解，以及针对共同出现的问题引起特别注意，并进行相应指导。

三、基于 BOPPPS 模型来开展参与式学习模式

开展参与式学习模式，作为 BOPPPS 模型中最主要的核心内容，它将重点放在积极参与上，利用多维的信息资源，可以实时开展互动模式，以问题为主要导向，引导学生对于问题进行发散思维的延伸讨论。并且，可以针对不同的知识使用不同的方式进行参与式学习，积极拓展新的学习方式，例如案例分析、汇报演示以及角色扮演等。在对知识点进行学习的过程中，教师可以让学生担任案例中的各个角色，进行模拟演示，让学生可以切身感受到案例中的场景，将自身放在解决问题的角度，让学生可以身临其境地从多个方面进行思考与分析，不仅保证了学生对知识点的掌握程度，还对学生分析与解决问题的能力与思维进行提升。利用相关课程内容，进行讨论主题的设置。做到完全以学生为中心来展开讨论，提高学生学习内容的吸收能力，强化学生对知识的掌握、应用与实践能力。

BOPPPS 模型的混合式教学，不仅能够充分利用线上教育开放式的网络环境来进行课程导学，在增加课程学习时间的同时，还可以利用先进的教学资源来实现面对面的学习互动，甚至是师生、生生之间情感的相互交流。既能够实现教师对各个环节的全方位监督，还可以改善学生自主学习的能力，做到对学生思维能力的培养。利用 BOPPPS 模型建立的教学体系，真正做到了师生共同参与，在提高教师教学水平的前提下，也锻炼了学生自主学习的能力，不仅可以培养团队协作能力还激发自身的思维，在一定程度上优化了教学的效果。

第五章 SPOC 视域下的混合式教学模式设计

在传统的大学教学模式中，课堂氛围有时比较枯燥，无法吸引学生的兴趣，学生的课堂参与度不高，不仅教学效果较差，同时还不利于学生学习能力和语言应用能力的提升。SPOC 的兴起给大学混合式教学提供了新思路和新方法，SPOC 是一种现代技术和大学相教学融合的产物。基于此，本章主要探讨 SPOC 的特征、构成与开发，混合学习对 SPOC 的设计要求，面向混合教学的 SPOC 设计模式。

第一节 SPOC 的特征、构成与开发分析

一、SPOC 的特征对比

SPOC 一般是指小规模限制性在线课程（Small Private Online Course，简称 SPOC），是由美国加州大学伯克利分校的阿曼多·福克斯教授提出的，Small：小规模的、小众的，指的是 SPOC 学习者的规模，SPOC 的学习者人数一般限制在数十人到数百人之间。Private：私有的，指的是 SPOC 的开放性，SPOC 设置准入条件，学习者达到相应的条件才可以参加该课程的学习，具有一定的限制性。Online：在线的，指的是 SPOC 为在线课程，与传统课程相比，学习者要通过网络学习课程。SPOC 小规模和限制性准入这两个特点有利于提高学习者课程参与度与互动性，能够提升课程的通过率，有利于学习者的个性化学习，保证课程的教学质量。

SPOC、慕课、微课、精品资源共享课等是近年来在线资源的不同形式，

SPOC 与其他在线资源既有相同点，又有不同点。

（一）SPOC 与 MOOC 特征对比

MOOC 模式起源于互联网开放课程，MOOC（Massive Open Online Courses，简称 MOOC）是大规模开放性在线课程，国内亦称之为慕课。Massive：大规模的，指的是慕课学习者的规模，慕课学习者数量庞大，可以达到数万人，甚至数十万人；Open：开放的，指的是慕课的开放性，慕课对所有人开放，全球各地的学习者都可以参与慕课；Online：在线的，与 SPOC 一样，慕课同样为在线课程，学习者要通过网络学习课程。

SPOC 与慕课相比，两者的共同点为：都以在线微视频为主要学习资源，都有在线测试、在线学习过程记录、在线讨论、在线作业互评等内容。两者的不同点有：两者在课程学习者人数、课程开放性、学习形式、完课率等方面都有所不同。SPOC 学习者人数是小规模的，一般在数十人至数百人之间，而慕课学习者人数是大规模的，可以达到数万人；SPOC 具有一定的限制性，达到设置的限定条件才能够参加 SPOC，而慕课是完全开放的，只要能接入互联网就可以参加慕课；SPOC 的学习形式一般为"线上自学+线下学习"，而慕课一般只有线上的自学，没有线下的学习活动；SPOC 的完课率很高，接近 100%，而慕课的完课率较低，约为 10%。

（二）SPOC 与微课特征对比

"微课"是由"Micro Courses"翻译而来的，又被称作"微课程"。SPOC 与微课相比，两者的共同点是都用微视频呈现教学内容。而两者的不同点也在于此，SPOC 微视频的内容是对整门课程内容的反映，而微课的微视频主要是用来反映课堂教学中某个知识点（如教学中的难点、重点、疑点内容）教学，或是反映课堂某个教学环节、教学主题的教学活动。

（三）SPOC 与精品资源共享课特征对比

我国教育部于 2011 年提出建设精品资源共享课，通过共享系统向社会学习者和高校师生提供优质教育资源服务，促进现代信息技术在教学中的应用，实现优质课程教学资源共享。

SPOC 与精品资源共享课相比，两者的共同点是都采用网络课程的形式，旨在通过课程的学习，推动优质教育资源的共享，促进教学改革，提高人才培养质量。两者的不同点是 SPOC 有明确的开课时间与结课时间，有相应的作业、测试题等，学习者之间以及学习者与教师之间有交流互动，而精品资源共享课通常是学习者自主观看课程视频，没有相应的作业，学习进度不受开课时间与结课时间的限制，学习者与其他学习者、教师不能进行交流互动。

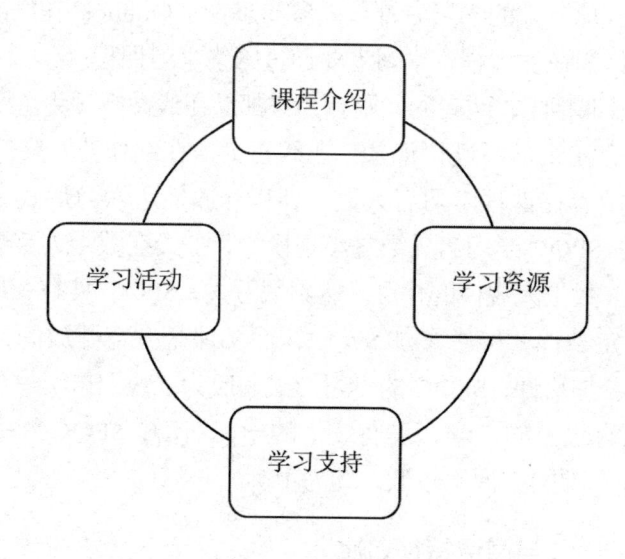

二、SPOC 的基本构成

SPOC 的基本构成如图 5-1 所示。

图 5-1　SPOC 的基本构成

（一）课程介绍

课程介绍主要是对与课程相关信息的简单介绍，帮助学习者对课程有所了解，主要包括课程简介、课程信息、课程大纲（课程章节）、课程类型、授课教师（团队）、课程考核（评分标准）、教材教参、学习要求、教学方法等内容的介绍。其中，课程简介是对课程主要内容以及课程总体学习目标的简单介绍，但有的课程将学习目标作为一个单独的版块列出来，如上海交通大学和南京大学的 SPOC；课程信息是对课程的选课人数、开课时间、当前进度、每周需要学习者投入的时间、课程结束时间、课程类型（工科、理科等）、课程代码等内容的介绍；课程大纲（清华大学学堂在线平台、重庆大学 SPOC 教学平台、西安交通大学慕课平台中称为课程章节）列出了课程每一章节的标题；学习要求是对学习者应该具备的相关知识基础，以及在课程学习中对学习者学习行为要求的说明；课程考核（浙江大学 CNSPOC 云课程平台称为评分标准）介绍了课程的考核方式与考核内容。

（二）学习资源

SPOC 的学习资源形式多样，可以是文本、图片、表格等，也可以是动画、音频、视频等，既可以是课内的资源，也可以是课外资源。学习资源主要有微视频学习资源、章节测验题、章节作业等内容。其中，微视频是 SPOC 中一种非常重要的学习资源，微视频以声、画结合的视频形式能够清晰地表现课程内容，易于学习者的学习。以知识点为单位的短小微视频，能够方便学习者的碎片化学习。测验题是 SPOC 中另外一种重要的学习资源，每个微视频后面对应的测验题能够帮助学习者检测自己是否掌握了微视频中的要点，能够促进学习者的反思，也能够方便学习者的复习。

（三）学习支持

学习支持为学习者的学习提供便利，是构成 SPOC 必不可少的部分。SPOC 中主要的学习支持有提供讨论交流功能的讨论区，对 SPOC 中常见问题进行解答的"常见问题"列表，让学习者对学习进度有所把握的"学习进度""教学日历"板块等。提供学习支持，一方面可以给学习者提供学习推力，促进学习者的学习，如记笔记学习支持可以让学习者记录学习过程中的收获、学习重点等，收藏错题的支持可以方便学习者的复习等；另一方面可以减少学习者学习过程中的阻力，如讨论区的互动支持，通过交流互动可以解决学习者遇到的问题，减少学习者的学习孤独感等。

（四）学习活动

SPOC 中学习活动按活动的形式分为线上学习活动与线下学习活动，按参与学习活动的对象种类可以分为学习者的自主学习活动、协作学习活动、授课教师指导的活动，不管何种学习活动，学习者都是学习活动的主体。学习者的自主学习活动由学习者独立完成，如观看微视频学习课程内容，独立完成测验题等。协作类的学习活动由学习小组成员合作共同参与，大家分工完成学习任务。"教师指导的活动中，教师是活动的指导者，在学习者有困难、有疑问等时给予指导帮助，在活动中引导学习者围绕既定的主题开展学习活动等"[①]。

三、SPOC 的开发分析

对 SPOC 的开发，按其构成部分来说，课程相关介绍主要是由 SPOC 平台提供相应的功能，在创建 SPOC 时授课教师在 SPOC 平台上填写课程的相关介绍内容即可。学习支持部分也主要是由 SPOC 平台提供相应的功能，在创建 SPOC 时开启此部分的功能，在课程进行中，为学习者提供学习支持即可。学习活动主要是学习者在课程学习中的行为，不需要授课教师提前开发。SPOC 的开发主要是对学习资源部分的开发，微视频是 SPOC 中一种主要的学习资源，这里主要对微视频的开发进行详细的探讨。

（一）开发前期的准备工作

分镜头稿本制作微视频，是体现微视频设计的脚本和主要依据，微视频分镜头主要包括时间、备注、音乐、解说词、画面内容、景别、镜号等内容。镜号是每个镜头的序号，景别由远到近分别是远景、全景、中景、近景、特写等内容。全景镜头一般用于表现人物的全身动作或者场景的全貌，可以在微视频演示动作技能时从整体上、宏观上展现动作；中景镜头画框下边卡在膝盖左右部位或是场景局部的画面可以更好地表现人物的动作、身份、关系等，可在微视频中用中景的镜头表现人物之间的对话；近景镜头可以在微视频中穿插教师的近景镜头，其拍摄的是任务胸部或者物体局部以上的部分，从而使学习者感到亲切，产生和教师的亲近感；特写镜头用于表现局部，可以在微视频演示动作技能时展示动作的细微之处。

在确定了微视频的录制方式之后，就要根据确定好的微视频录制方式进行相应的录制环境的创建，调整好话筒、灯光、音响等辅助设备，做好录制微视频的前期准备工作。

（二）课程视频的录制工作

在选择好课程视频需用的方式，将前期的准备工作做好之后，就可以按照设计的微视频分镜头的脚本进行微视频的录制工作，从而获得微视频的原

---

① 位咪咪. 面向混合学习的 SPOC 课程设计与应用研究 [D]. 西安：西北大学，2017：19.

始素材。

录制微视频时要注意减少噪声，保持录制环境的安静。要防止将无关拍摄内容的人或者事（如本镜头以外的录制设备、其他的工作人员等）拍摄到镜头画面中。在课堂授课中，教师的口头禅和口语化的内容等不适宜出现在微视频的录制当中，所以讲课教师在录制微视频时要特别注意自己的一言一行，若出现了短暂的语言错误或者知识点错误，可以简短地停顿几秒钟，重新开始正确的讲解，几秒钟的停顿操作可以方便后期工作人员的剪接和编辑，也可以不暂停微视频的录制，保持讲课内容的连贯性。值得注意的是，教师录制微视频的原始素材应做到声音要大声清晰、主题要突出、画面内容要清楚。

微视频的录制方式，需要不同的录制人员配合完成录制工作。以演播室录制式为例，这种录制的方式相对来说复杂一点，需要由多个镜头同时录制，授课教师在录制微视频的时候需要和其他的工作人员共同合作完成；录屏式微视频的录制方式，做好前期准备工作后，在录制微视频时，授课教师就可以单独完成微视频的录制工作，这是因为这种录制方式相对简单，授课教师不需要其他人的协助就可以完成录制工作。除此之外，也可以选择专业视频制作公司来合作一起完成微视频的录制，也可以由课程授课教师团队分工合作来完成。

为了方便学习者的学习，在编辑 SPOC 微视频的时候，可以为微视频添加相关的内容字幕。为了增强微视频学习时与学习者的互动性，可以在微视频中添加相应的测试题，还能起到测试学习者学习效果的目的。

为了丰富微视频的内容和体现微视频的完整性，一个微视频可添加相应的片头片尾，片头片尾可以添加适当的背景音乐，还能起到减少微视频枯燥性的作用。最后要注意的是，要将编辑好的微视频成品输出并保存好。

（三）SPOC 创建工作

SPOC 开课后，讲课的教师按照教学的进度将习题库、课程的微视频等学习资源上传到 SPOC 平台，设置讨论区的话题内容等。在 SPOC 开课前，授课教师在 SPOC 平台里添加课程的相关介绍，如课程考核方式、课程大纲、授课教师简介、课程简介等内容。SPOC 的创建主要是依靠 SPOC 平台提供的教师开课功能。

第二节 混合学习对 SPOC 的设计要求

混合学习的目的是促进学习者的深层次学习，最终达到改善学习者的学习。混合学习有着坚实的理论依据，如梅瑞尔的建构主义理论、首要教学原理等。因此，在设计面向混合学习的 SPOC 时，要使课程资源要多样化，教学内容要适度的分解，学习支持要到位，要充分体现学习者的主体地位等，要考虑混合学习对其的基本要求，具体要求如图 5-2 所示。

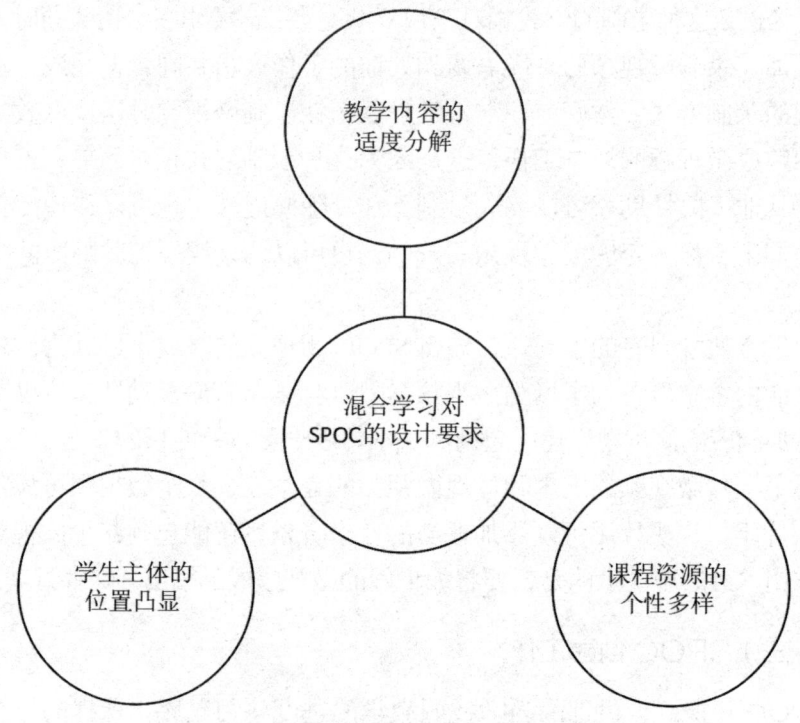

图 5-2　混合学习对 SPOC 的设计要求

一、教学内容的适度分解

SPOC 主要是通过微视频来表现教学内容的，这和首要教学原理中的展示原理不谋而合，都是将新的知识通过合理恰当的方式展示给学习者，促进学习者的学习。由于微视频的长度有限，限制了教师想要表达的教学内容的数量，因此要将教学内容进行适度的分解。在适度的分解教学内容后，通过短小精湛的微视频将其呈现，这样既体现了斯金纳提出的程序教学法里的小步子教学原则，又兼顾到了学习者的在认知方面的负荷和能力，更加方便了学习者的学习。

二、课程资源的个性多样

课程资源的多样化分为内容的多样化和形式的多样化。内容的多样化指的是，课程资源不仅包括课堂教学的内容，也就是课内资源，还涵盖一些课外的相关资源。这是因为课内资源是学习者课程学习的主要内容和形式，课外资源则可以扩展学习者的视野，使学习者的阅历丰富化等。不同形式的、多样化的课程资源，不仅体现了个性化教学，提高了学习者的学习效率，还丰富了课程内容，有利于学习者选择适合自己学习的自愿形式。形式的多样化指的是SPOC应该有其他形式的课程资源而不是只有微视频这类学习资源，例如，表格、图片、动画、文本、音频等。SPOG有必要设计丰富多彩的课程资源的原因是，构建主义理论强调知识是学习者在一定的情景下利用必要的学习资源和学习材料，通过意义构建的方式来获得。

三、学生主体的位置凸显

学生是学习的主体，课程的设计主要是为学生设计的，因此课程的设计要以发展学生的高阶思维能力为目标。主要发展学习者的创造、评价、综合、分析等高阶的思维能力，通过情景化、问题化、任务化等形式来促进学生对相关信息进行整合，在解决问题的过程中实现知识的迁徙应用和重新构造，体现学习者的主体地位，促进学生的深层次学习。

第三节　面向混合教学的 SPOC 设计模式

第一，SPOC 混合教学模式的实施需要依靠一系列条件。SPOC 混合教学模式的可实施性需要从课堂教学方法、信息化手段、数字化资源等方面入手，以教学模式和学习方式的创新为核心，以优质的在线课程资源建设为重点，建立基于 SPOC 混合型的教学模式。其具体的形式可以根据教学过程中的实际情况来选择，例如，根据课程属性和教学特性，建出一个二维的空间，用二者标示出两个垂直的方向，由此形成新的学习模式和框架，在此框架下，分别存在基于慕课的线上教学、翻转课堂等形式。这样在教学实践过程中，就可以根据教学的实际情况来选择慕课或者翻转课堂等不同的形式。

第二，促进教师提升教学技能并转变教学观念。无论是从客观方面还是从主观方面，改革都是大的趋势，教师都应当转变教学理念，提升利用现代化、数据化工具的教育能力。为了促进SPOC混合教学方法的改革，必须加大教师的培训力度，因为教师综合能力的提升对于增进教学的成果有着至关重要的意义。高校可以采取开展SPOC混合教学形式的竞赛、教研室集体制作课程、优秀教师示范引领，可以循序渐进地开展专家传授等多种形式加强教师相关能力的培训。除此之外，还可以定期组织一批学校的教师到校外参加一些现代教育技术的培训，从而深化教师对现代教育工具的掌握和认识，这样不仅能够最大限度地促进线上线下混合教学法的应用，还对提升教师现代化教育技术的运用能力大有裨益。

第三，教学效果的评价方式包括定位性评价、形成性评价和诊断性评价。SPOC混合式教学模式的教学效果评价与传统教学评价的侧重点有所不同，其是面向学习过程的评价，而非单纯的对结果的一种评价。随着我国教育改革的进行，教学改革的目的将重心放在了挖掘和发现学生的各项潜在能力上，帮助他们发现自我、提升自我、调整学习习惯，而不再仅仅是单纯的为学生接受理解教学的内容。混合式教学的优点在于教学过程全程是有据可查的，会采用考试评价（线上线下）、过程评价（线上到课率、讨论参与度、作业完成率）、实践考核（线下考核）方式进行综合评价，并且注重对教学的各个环节做出统计和分析，尤其可以通过统计分析出学习者的积极性、主动性的数据以供教师参考，以便于教师随时调整教学侧重和教学内容。

第四，采用SPOC混合教学模式，要求教师投入大量的精力和时间对课程进行维护和建设，在掌握一定信息技能的基础上，加快对SPOC混合教学模式的普及和运用。要加快这一操作，首先学校要给予各个行为主体以足够的鼓励和引导，因为在教育领域内，最源头的动力和力量还是学校的推动和倡导。例如，学校可以根据多劳多得的原则，制定相应的对多付出劳动的教师在职称、评分、津贴等方面予以相对应的提升政策，这将再度激发教师对可持续混合式教学模式的组织或者参与热情。可以从教育教学评价入手，形成混合式教学与传统教学的对比，用这种方式来激励授课教师更加重视混合式教育教学的学习和应用；还可以从建立一定的规章制度等规范教学方面着手，制定一定的课程规范标准。最后值得一提的是，可以引用大数据作为标准，得出令人信服的分析结果，从而形成一定的内化的驱动力，影响广大教师对SPOC混合教育模式的使命感和认同感，进而全面提高广大教师的积极性和主动性，达到提高教学效率和教学质量的终极目的。

  第五，不断完善网络教学的设备和网络设施，加大资金投入力度，大力支持学校各项教育教学目标的改革，提高教学设施的完善率和革新率。与此同时，还要注意加强学校软件建设，为混合式教学模式提供一定的资源支持和软硬件支持，具体的项目包括引入商业机构，开发优质的教学资源，引入免费课程资源、软件应用培训，以及平台的不断完善等。

  SPOC是基于慕课模式的混合式教学，它使课程要素完成了融合与重构，整合了网络资源和校本资源，SPOC混合教学模式的研究对提升高校的教学效率和教学质量有着重要的意义。

第六章　多元维度下的混合式教学模式实践研究

"混合式教学"是将传统教学和网络学习二者优势结合的新型教学模式。当前我国高校的教学改革中已经广泛采用了这种模式，研究这种新兴的教学模式有着重要的意义和价值。基于此，本章主要探讨基于慕课的大学混合式教学模式设计、远程教育视野下的混合式教学模式、线上线下混合的课堂教学模式与评价、"互联网+"混合式教学模式的应用。

第一节　基于慕课的大学混合式教学模式设计

一、大学混合式教学模式中慕课的具体认知

慕课是一种大规模开放式在线课程。为了方便了解学生的学习情况，教师可以将教学电脑与学生电脑连接，在线获取学生的学习方式、学习效率，获得相关教学反馈。慕课是一种全新的在线教学方式，融合社交服务、在线学习、大数据分析和移动互联网等要素，用户可以免费获得大量在线教育服务和生动的学习体验。

慕课教学模式强调建构主义理论。建构主义认为，学生应树立学习的主体地位，成为知识的主动建构者，摆脱旧有接受灌输的地位。客观世界虽然是客观存在，但每个人的认知方式和视角不同，他们眼中的客观世界自然也不尽相同，对客观世界的理解也有很大差异。因此，学生应从自身出发，不仅要摆脱单纯的对知识的接受，而且要学会主动建构。教师也应明确自身地位，将学习的主导权还给学生，努力做好组织者和引导者，帮助学生提高自主学

第六章　多元维度下的混合式教学模式实践研究

习能力，顺利完成学习任务。慕课教学模式注重知识创新，倡导让每个学生都成为知识的生产者，从而培养出能够恰当处理数字信息并形成独有知识网络的人才。

（一）慕课自身的特性

1. 慕课的基本特征

随着慕课的不断成熟且对社会影响越来越深，其特征也表现得日益明显。

（1）大规模特征。"大规模"指对学生的数量没有限制。参与慕课的人数可以很轻易达到几千人。随着慕课普及率的增长，参与慕课的学生数量也在不断增加。可见，慕课是一种巨型课程。

（2）开放性特征。开放性指慕课参与者可能来自全球各地，并且拥有开放的信息来源、评价过程、学习环境。比如美国慕课以兴趣为基础，人们只要对某个课程感兴趣就可以参与其中，只需要注册一个账号，不限制国籍，都可以参加。因此，人们认为只有开放性的课程才能被称为慕课，其中只有大规模的或者大型的，才能被称为典型的慕课。慕课，可以使世界各地的学生和授课者通过同一个课程、同一个主题而联系起来，共同学习和交流。

（3）以一定的主题为基础的特征。慕课模式的组织者围绕既定主题，以开放的非结构化形式为参与者提供相关资源，这些资源均以主题为核心展开，主题成为知识连接的节点与创作的起点。分享自己的已有知识，获取他人的相关资源，互相连通，达到充实自身已有知识和构建新知识的目的，最终完善自身的知识网络。

（4）动态性[1]特征。慕课开放、动态的特点，使得参与者能够突破时间和空间的限制而开展交流，知识的分享既可以在具体环境中实现，也可以在推特、论坛等虚拟社交媒体中实现。因此，在慕课中，师生关系是平等的，组织者与学生都是课程的参与者，大家以平等的身份讨论与分享感兴趣的主题，通过碰撞形成新的知识，不断延伸自己的知识网络。在参与者参加的测评中，组织者的做法也不同于传统意义上的考试打分，他们通过对参与者参与课程讨论的积极性的考察，肯定表现突出的参与者。

---

[1] 动态性是指系统永远处于运动和发展过程的一种特性。

2. 慕课教学的优势

（1）慕课带来了广泛的、优质的、模态化的教育资源。慕课打破了常规教育的人数、时间和地域限制，学生不必严格根据课程时间安排到特定的实地课堂中接受教师传授知识。慕课既支持学生随时随地随身学习，又支持大批量学生同时段学习，在一定程度上有效地激发了学生的学习热情和学习兴趣，使学生能够更加积极主动地投入到学习中。慕课课程的学习内容全凭学生爱好与需求进行自主选择，参与者可以在特定时间段内完成学习过程、提交随堂作业、参与知识考核，而且一切的教学资源都是透明公开的，整个学习考核过程公平、公正。

慕课课程内容打破了传统学科限制，强调知识信息的综合性、实用性和普遍适用性，从各个领域的先进理论、实用性知识到各种生活健康常识等应有尽有。有效地实现了各个学校之间的资源互通和互补，促进顶级学校资源向普通学校的共享流动，弥补我国学校资源分布不均的缺陷，更有利于人才综合素养的提高和高等教育的整体性发展。例如，普通学校可以通过注册北大慕课平台，获取其优秀的教学资源。慕课课程的大力开发，将极大地改进现有教学观念和教学模式，极大地促进应用型学校的教学水平。

慕课课程的内容通常以视频形式体现，由相关专业的教师团队经过反复斟酌、精心研究确立而成。大多数的视频主讲教师都是知名学校的顶尖教师，雄厚的师资力量使课程内容设置更加合理，讲解质量更好，学生接受度更高。

慕课的课程设计有效利用了模块形式，体现出各个课程的特色。把完整的知识体系按照内容分解成一批相对独立的小模块，让内容条理更加分明，且重点突出，一目了然。借助10分钟的视频，将知识具体表现出来，有效集中学生的学习注意力，帮助学生更好地理解和记忆知识。

（2）以学生为中心的教育理念，主要体现在以下两个方面：

第一，兼顾不同学习能力。传统课堂教学着重强调教师的"教"，教师按照统一的课程内容和进度要求一对多地进行知识的讲授和传输，这种"一刀切"的教学模式难以顾及每个学生的能力和需求。慕课则不同，学生可以自主选择与自身能力相符合的课程知识，自己安排学习计划和进度，还可以重复回放视频课程，反复学习知识难点和重点，进而提升学习效果。

第二，满足不同学习方式。慕课的学生可以利用特定的论坛、网站等平台，与教师和其他学生进行实时交流和互动，互帮互助，一起解决学习过程中遇

第六章 多元维度下的混合式教学模式实践研究

到的困难和问题；利用课程视频中的测试题、线上测试题、线下作业等方式检测学习效果，强化知识的理解和记忆；利用教材注释、虚拟实验室等辅助工具，随堂记录课程内容和学习心得，对需要做实验的课程进行在线模拟；利用教师和其他学生对自己的评价综合考量学习结果，及时发现不足，有针对性地修改，从而不断提高学习效果。

3. 慕课教学的局限

慕课虽然拥有开放性强、资源丰富、不受时间地点限制地满足学生学习能力和方式上的个性化需求等诸多优点，但也存在不少缺陷和不足，具体表现在以下三个方面：

（1）慕课要求学生有高度自制和自控能力。慕课课程的学习全靠学生的自主能动性，无论是课程的选择、学习过程的坚持，还是作业的完成、后期的强化训练等都由学生决定，缺乏外界有效的监督和鞭策，大部分学生难以约束自己坚持学完一门或所有课程。所以，平台学习缺乏持续性，这一问题长期普遍存在。

（2）情感交流和社会关联不足。"交心"的师生情感和同学情感对学习效果的提升和学生人际交往能力的培养都具有至关重要的作用。慕课虽然能实现教师与学生、学生与学生之间的互动与交流，但是，这种线上互动的方式永远无法替代人与人之间面对面的情感沟通，难以拉近心与心的距离。慕课平台用户规模庞大，再尖端的社交工具也无法帮助教师照顾到每位学生的个性和情感需求。同学之间利用社交平台进行交流互动，多数只停留在知识层面，缺乏深层次的情感交流，也无法建立亲密的人际关系。

（3）缺乏系统化课程体系。慕课在当前情况下，主要发挥知识资源集聚互通的作用，还没有根据社会和专业需求形成系统化的课程体系。因此，其颁发的代表学习成果的证书等也缺乏一定的含金量，难以有效促进学生对系统知识的掌握和综合能力的提升。

4. 慕课教学的适用性

慕课的出现，有利于转变我国当下高等教育人才培养模式。所以在实践应用中要严格遵循适用性原则，充分结合不同学校的实际情况和不同学科的专业特点，有针对性地量身制定教学模式与应用方式。

（1）不同类型学校采取不同的慕课策略。普通学校主要是学习和吸收慕课平台上的优秀资源，并将这些教学资源有效应用到自身教学工作中，提升整体教学质量,继而利用应用型学校的学科优势创新和开发部分专业实用性课程参与到慕课平台中。

(2)慕课模式对不同学科课程的适用性不同。目前,慕课的某些设计还无法满足学校所有学科的需要,部分学科要求学生具有复杂的知识结构体系和特殊的思维能力,难以适用慕课模式。当前慕课对学校学科课程的适用性主要包括以下三点:

第一,理论课程。慕课网络课程有利于先进理论教学资源的共享和交流,从而有助于扬长补短,更好地优化理论课程设计,提升教学质量。但难以适用于实践课程,因为实践课程对现场试验和调研等实地操作方面的要求较多,在实践中才能够更好地提升学生的专业技能。慕课虽然在线模拟实验室功能,但学生无法真实地感受,教学效果往往会受很大影响。

第二,程式化的学科课程。慕课模式比较适合结构化知识的传授,但要实现相对高层次、高难度的数理推理和逻辑思维能力培养等的效果较为困难。

第三,外语类和双语教学课程。因为当前慕课平台的授课用语基本上都是英语,中文只出现在极少部分课程的字幕中,有利于学生在获取专业知识的同时,接触和学习纯正的英语。但是,这种语言运用方式也在一定程度上限制了慕课其他课程在我国更广泛地推广和普及。

慕课优势明显,但也存在一些缺陷,需要全面、客观地认识和研究,有效借鉴和引用慕课的优势资源及课程设计等优点,尤其正处于慕课筹建阶段的应用型学校更应如此。

从慕课在各国的实践应用结果来看,其对高等教育的教学模式和人才培养机制的改革确实有积极的促进作用,但也不可过于夸大。各个学校要以慕课为契机,着力推广"线上+线下"的混合式教学模式,促使学校和教师改变传统的教学观念,正确认识在线教育的优势和意义,从而更深刻地领会高等教育的发展方向。

应用型学校要从理论、技术、创新应用和可持续发展等方面入手,全面、系统、深入地推进混合教学改革。充分借鉴慕课经验,构建更加开放的教育体系,深入理解和贯彻自身职能。加强国际合作与交流,实施国际化协作办学策略,在互联网生态圈内不断深化高等教育改革,培养能力更强、综合素质更高的应用型人才。

（二）教学中的慕课构建

慕课拥有全球范围内丰富而优秀的教学资源和以学生自主学习为主的前沿教学理念，而传统课堂教学又具有慕课所不具备的有效监管、情感互动和实地操作等优势。所以要将两者有机结合，让慕课与传统课堂教育优势互补、相辅相成，以达到基于慕课推动教学改革的目的。在应用型学校中，最行之有效的结合方式是以慕课为主构建适合的"翻转课堂"教学模式或"线上慕课+线下实体课堂"的混合式教学模式。

"混合式教学"是线上教学与实地课堂教学的结合，具体包括教学理论、资源、环境、方式等内容的混合。应用型学校要有效整合和利用慕课的优质教学资源，加强师生、生生之间的互动交流，将慕课全面、科学、深入地渗透到日常教学工作中，大力开展翻转课堂和混合式教学，构建"四位一体"的新型课程教学模式。

1. 课前的设计

课前设计阶段教师的主要工作是：研究和设计课程体系结构、教学大纲、具体的知识框架等；从众多慕课资源中筛选出适合的课程内容、自己制作教学微视频课件、准备其他预习资料和作业等；将准备的所有教学资料按照教学目标要求，分成必学和选学两部分，并布置给学生。以上准备工作是之后的教学阶段顺利开展的前提和保障，能够有效帮助学生高效率、高质量地完成学习任务。

课前设计阶段是慕课教学活动中不可或缺的一部分，具体原因表现在两个方面：一是慕课课程缺乏系统性的知识体系，教师需要提前设计课程体系结构和知识框架，以帮助学生对即将学习的内容有系统、全面的整体了解和把握，做到心中有数，避免形成"知识碎片"；二是慕课课程资源丰富而冗杂，学生群体要想从庞大的信息中筛选出适合的学习内容，难度很大，而且每个学生的学习能力和需求各有不同，需要教师帮助学生提前选择合适的、优质的慕课课程，并根据学生的具体情况设计行之有效的学习策略，供学生选择使用，从而有效提升学生的学习效率和质量。

2. 慕课的学习

学生按照教师布置的课前学习任务和提供的学习资料认真学习必学模块中的所有慕课视频课程内容，再根据自身需求和能力，选择性地学习选学模块中的资料内容，并按照要求认真完成预习作业。通过该阶段的学习，学生可以较为全面地掌握课程知识内容，标记出难点问题。

慕课学习阶段属于课外学习范畴，对学习的时间、地点和进度要求相对自由，学生可多次重复回播或查阅相关资料，直至彻底理解。这种自控式的学习模式，能够为学生带来前所未有的个性化体验，有效提高学生的自学能力和自控能力。

3. 课堂的互动

在课堂中，教师引导学生开展作业答疑、合作探究和互动交流等学习活动，帮助学生更好地"内化吸收"知识，进一步加深理解和记忆慕课学习阶段掌握的知识，以突破知识难点、把握知识重点，达到高质量学习的目的。在这一过程中，不同学科采用的课堂学习活动也不同，如经管类课程偏向于问题讨论和案例分析等，外语类课程偏向于口语交流练习等，理工类课程偏向于现场实验和方案设计等。

课堂互动的主要形式有作业答疑、小组合作探究和学习成果评价交流等。作业答疑环节，教师会依据教学大纲及学生慕课学习阶段遇到的问题等，总结设计出代表性强、值得深入探讨的问题，然后从旁引导，协助学生完成解答，在这一过程中"化零为整"，帮助学生将知识融会贯通并进行深入理解。小组合作探究环节，教师将学生划分为若干个讨论小组，并给予一定问题、案例、场景等话题，让学生以小组为单位展开讨论和研究，然后利用出具研究报告、开展辩论比赛等形式，将研究结果展示出来。这种学习方式能够有效提高学生的互帮互助和团结协作意识，增进学生间的感情，提高人际交往能力，提升学习效果。学习成果评价交流环节，通过教师点评、同学间互评、自我评价等形式检验慕课学习成果、知识掌握程度、小组讨论参与度、小组研究成果水平等。在这一过程中，学生可以全面深入地检验自己的知识掌握情况，从而有针对性地查缺补漏，不断夯实知识储备。

4. 实践的拓展

学校将慕课与传统教学模式有机结合、开展"翻转课堂"和"混合式教学"的最终目的是帮助学生将学到的知识更好地运用到生活实践中，从而培养出对社会真正有用的应用型人才。实践拓展阶段是"四位一体"新型课程教学模式的重要组成部分，是课堂教学的延伸和拓展。该阶段主要采用的形式有学习/研究成果分享、知识/技能竞赛、社会实践体验等。成果分享主要是学生个人或团体将自己的学习感悟、研究成果等内容利用短视频、论文等形式上传到网络，供社会检验和学习。在这一知识创新和再创造过程中，学生能够不断加深对知识的理解，培养实践技能。

总而言之，在实体课堂教学中引入慕课具有至关重要的积极作用，可以带来丰富优质、实用性强的教学资源，极大解决我国大部分学校优质资源短缺的问题，有效帮助应用型学校更好地发挥职能，实现应用型人才的培养目标。慕课可以带来优秀的教学理念，即强调以学生为本，引导学生自主学习，不断培养和提升其自学能力。

（三）慕课对教师能力的影响

1. 组织能力

教师的课堂组织能力是教师必备的教学技能。没有科学有序的课堂管理秩序，就没有良好的课堂效果，导致学生学习的主动性的积极性和最后的学习成绩都无法得到保障。课堂组织能力需要充分发挥课堂优势，引导学生学会主动学习，从而达到提升课堂教学目标，完成教学任务的课堂基本形式。课堂的组织能力是体现教师综合素质的关键能力，需要教师不断学习新的教学理念，从日常教学经验中汲取能量。通常来说，教师的课堂组织能力越突出，班级管理越好，越有利于实现班级管理目标，教学成绩的提高在此基础上就会水到渠成。课堂组织管理，需要教师在与学生的相处中发现和研究，最后和学生融为真正的集体。如果教师没有真正地深入学生内心，没有下功夫研究班级管理，没有深入了解课堂的组织方法和形式，就会影响教学成绩的提高，最终导致教学任务拖延。因此，教师的课堂组织能力是新课程实施过程中需要不断深入发掘的重要理念。

在长期的发展实践中，慕课已经远远超出了最初的学习资源共享的范围，转而向综合服务范围，包含课堂交流、课后练习、课下讨论甚至是毕业证颁发等。"开放"这一核心特质在慕课模式中体现得淋漓尽致。毫无疑问，慕课的火热证明了"开放"的价值。同时，由于这种开放，原有的相对固化的课堂模式被彻底改变，任何年龄段、任何教育背景的人都可以不受限制地选择自己喜欢的课程，这种模式是对现有教育模式的一种颠覆。

（1）传统教学形式的教师组织技能

第一，课堂组织技能运用的要求。

一是通过教学组织技能的运用，使学生明确学习目的，热爱科学知识，形成良好的行为习惯；二是要达到课堂组织的目的，教师必须了解学生、掌握学生基本情况；三是重视集体风气的形成；四是做到灵活多变、因势利导，综合运用多种教育形式；五是教师要随时认识到自己对社会和学生所承担的责任。

第二，传统课堂组织技能的特点。

一是运用课堂组织能力要达到的目标是管理好课堂秩序。在课堂教学中，秩序井然是有效教学的基础。要达到管理好课堂秩序的目标，应做到建立健全激励与批评机制。激励措施是尊重学生的基本要求，批评措施是对学生的负责。在日常教学中，教师应充分肯定学生的努力，做到关怀每一个学生，但是不能放任他们的错误，在他们犯错时必须坚持批评机制，如此才可增强学生的心理素质。

激励有度，批评适当。奖励方式很重要，简单来说，奖励需要有度，学生在接受奖励时会充满荣誉感；反之，学生不看重奖励，奖励也就没有任何作用。因此，教师的课堂奖励应是独一无二的，因为每个学生都是特别的，教师要做到因人而异。此外，批评适当，要从学生心理分析学生，做到批评适当，不能起到反作用。

课堂的有序组织，学生的注意力是关键。在课堂中，学生的注意力是有限的，在有限的时间内教师要确保内容的新颖，保持学生的注意力，减少外部干扰，为此需要教师不断更新课堂教学方式，及时把握学生状态。有时外部干扰不可避免，需要教师能够在课堂中灵活应对。总之，教师的课堂组织要采用多种办法吸引学生的注意力，保持高效的课堂效率。

为了提高课堂效率，教师经常采用一些手段吸引学生注意力。有人将这些手段称为教育"机智"。不可否认的是，适当的"机智"能够激发学生的兴趣，但过于沉迷各种"机智"的话，也会使教师陷入自我陶醉的陷阱，或导致教师将过多的精力放在设计各种所谓有趣环节之中，忽略了课堂的授课本质。

二是衡量组织能力的根本标准是学生的注意力的集中程度，因此，组织工作的要点就在于去除一切不利于学生注意力集中的事项。但要注意的是，切忌事无巨细、面面俱到。因为教师个人精力是有限的，且必须将主要精力放在课堂授课之上，毫无重点的组织行为只会让整个课堂索然无味。平衡教学方法的使用可以灵活地控制教学节奏。有经验的教师备课必先备学生，即首先熟悉学生，根据学生的认知水平选择适当的教学方法，切忌教学方法一成不变，而是应根据学生实际设定不同的教法，把课堂变成学生思维活跃的天堂，学生的兴趣必然会提高，也会期待下一堂课。

每一位教师都是语言大师。语言节奏对课堂组织能力的实现很有必要，教师在课堂中需要在语言上下足功夫，一节课中，教师的语言不需要声量太大，但是必须做到高低起伏，学生的思维会根据教师的语言展开，使学习的积极性和课堂的有效性得以提高和增加。

三是运用课堂组织能力的目的归根到底是引导学生主动进入课堂。因为学生的兴趣很容易转移，会导致实现课堂教学目标的难度增大，因此需要教师的引导，时刻保持学生的兴趣热情，及时返回课堂，把不确定性变为确定，把学生学习的兴趣和爱好作为每堂课重要的学习任务。教师在课堂中可以通过措施联系生活实际，激发学生的学习热情。

四是尊重学生个性，营造有利于学生个性发挥的课堂环境，进而调动学生的学习积极性。诚然，树立教师权威是保证课堂平稳运行的重要砝码，但过于轻视学生个性只会导致学生自信心下降，表现在学习上就是学生对学习内容的创新能力与理解能力的降低，因为他们往往在等待教师公布"标准答案"，不敢有一丝个人见解。

综上所述，要想充分调动学生的学习积极性，不但要充分发挥教师的主观能动性，还要尊重学生的个性与创造力，更要营造一个主次分明、重点突出的授课环境。需要强调的是，教师始终是在课堂上起到重要作用的那个角色，所以教师首先要对自我有一个清晰而完整的认识，以此为基础，才可以谈论教学风格、教学内容。而一个自我认知不明的教师，很容易被"模范课堂"牵着鼻子走。此外，教师面对的群体是学生，这一群体尚处于审美、性格的成长阶段，因此教师在衣着打扮、言谈举止方面也要特别注意。

（2）慕课教学形式下教师课堂教学。课堂是由教师、学生、学习内容及课堂教学环境构成的一种总体关联系统。作为全新的教学形式，慕课引入课堂教学，颠覆了传统的课堂教学形式，课下预先进行的在线微课程取代原来课上的知识传授，而原来课后学生独立进行的知识理解和吸收过程，成为课堂教学的主体内容；教师引导和协助学生自主参与，注重培养学生的认知技能和自主学习能力，将课堂教学进行颠覆性"翻转"，对传统教学系统下各要素进行了动态组合，从而构建更为良好的课堂教学生态。

第一，重构课堂教学理念。

一是从"以教为主"转为"以学为主"。传统教学模式的课堂活动以教师为主体，由教师决定和主宰教学内容、进度、方式等，学生被动服从和接受，课堂教学的过程其实是教师的知识传授和学生的认知过程，重点在教师的"教"。这种以知识、理论、教师为中心的传统教学理念，严重剥夺了学生的自主性，违背了教学的初衷和意义，将学习异化为他主学习。在慕课基础上创建的"翻转课堂"教学模式，将传统课堂教学内容放到课下借助慕课视频完成，而将知识的理解和内化过程作为新的课堂教学内容，以学生为中心开展自主学习，教师从旁指导和协助，重点强调学生的"学"。教师通过组织小组讨论、答疑等方式，充分调动学生自主能动性，切身参与到学生学习中并进行倾听、引导和协助，给予学生充分的课堂自主权，让学生在偶然性的文化启蒙和持续性的精神启蒙中切身体验和实践，以课堂活动主体的身份自主建构知识，完成特定任务和活动。教师作为课堂的客体，站在和学生完全平等的地位给予指导、咨询、协调和精神关怀，帮助学生顺利、有效地开展自主学习。教学过程更像是师生之间深入交流互动、共同发展进步的过程，课堂活动以学为主，回归教学本质和初衷，培养学生综合能力和素质。

二是从"预设过程"转为"生成过程"。学生作为教学客体，成为静止的、机械的知识接收"容器"，整个教学活动具有强烈的计划性、预期性和规范性，教学活动如果忽视了师生的主体性、能动性和创造性等因素，则成为典型的"唯理性教育"模式。与之相对的新型先进教学理念，则注重教学活动的生成性和过程性，将教学活动看作开放的、多变的、复杂的、动态的完整过程，在师生深入交流互动、学生对知识的自主架构过程充斥着各种变数和未知，创造出很多无法预知的有价值、有意义的东西。在慕课基础上创建的"翻转课堂"教学，则是这种新型教学理念的生动实践。其在课下完成知识传授后，将课堂重心放在师生、生生之间的交流沟通和互动上，将理性和非理性因素有机结合，充分尊重和支持学生的自主性和创造性，使得师生在复杂、多变、创新的动态过程中有效发现、展示和发展自我，收获深层次的生命意义和价值，让学生在知识学习中获得思想、精神上的满足和成长。综上所述，课堂教学理念的深入转变和重建，使课堂活动从以教师绝对主导、学生被动接收的模式变成师生之间平等交流、协商和互动的新型模式，使教师照本宣科、机械固化的唯理性教学方式变成充分发挥师生自主能动性和创造性的动态多变的教学方式，这些都是重新构建课堂教学生态的基础保障和前提条件。

第二，重构课堂教学目标。在很长一段时间内，我国基础教育的目标是注重基础知识和基本技能的"双基"培养教学，教师利用课堂讲解知识，将技能灌输给学生，学生处于被动接收的位置，教学形式具有强烈的他主性，缺乏学生主观意识对知识的思考和加工，不利于学生逻辑思维能力、创新能力、自主学习能力的发展。新课改下的基础教育目标则是基于终身价值而提出的，注重知识和技能、过程和方法、情感态度和价值观培养的"三维"教学目标。这一目标关注学生多方向、多层面的发展，是教育境界从低到高逐层递进的突出展现，这些综合能力的培养，可以让学生终身受益，有利于他们的发展和进步。慕课的"翻转课堂"极大地促进了教学目标的实现：一是"翻转课堂"将以往课堂教学的主要内容——基础知识的学习放到课下，由学生利用慕课视频自主完成，不但实现了初级认知目标，而且为后面两个目标的实现提供了前提和保障；二是课堂教学的内容变成师生之间共同配合研究、探讨、交流、解决真实问题，并让学生在教师引导和帮助下发现旧知识、新知识之间的内在联系，有效构建知识体系，最终实现知识的内化和吸收。

第三，重构课堂教学实施过程。慕课的应用颠覆了传统教学过程，有利于有效解决和弥补这一过程中存在的问题和缺陷。基于慕课的"翻转课堂"教学在教学组织形式、教学内容、教学重点上都进行了有效改革，开创了课下通过慕课传授知识，实现认知目标，课上师生深入交流、探索问题，实现方法掌握与情感体验目标的新型教学形式；以主体性、开放性、创造性的问题探究性教学内容和流程取代传统的封闭性、机械性、确定性的意识预设性教学内容和流程；教学重心从认知转变成自主架构。这种全新的教学过程给教师带来巨大挑战，要求教师完全打破原有的角色设定和教学模式，深入接受和熟练应用新的教学角色和模式。从原来的知识传授者、课堂主导者、教材执行者变成学生自主学习的引导者、协助者、组织者和咨询者，从灌输式的机械教学方式变成以启发、探究、创新等目的为主的新型教学方式。此外，还要不断调整和优化学习过程及方法，时刻注重对学生情感态度、价值观等精神层面的培养和引导。

总而言之，要以"目标"为教学导向，深入培养学生各项技能和能力，引导其形成正确的思想道德和价值观念，让学生终身受益，成长为新时代发展需要的复合型综合应用人才。

2. 讲解能力

自从班级授课制提出以来，课堂教学形式便应运而生。然而，在经年累月的教学实践中，一部分教学一线的教师或教育理论家针对课堂教学变革的呼声一直没有中断,他们或大胆地实践尝试,或进行建设性的理论探索。慕课改变了知识传授者与学生之间的关系,推动了学校教育、课堂教学方式的变革。面对此情况,如果学校和课堂教学方式不改革,很有可能无法在国内教育教学行业继续立足,更无法在世界教育教学改革大潮中占据优势。面对慕课带来的种种挑战,教师必须重新审视面对面教学这种课堂教学方式的处境。挑战是严峻的,同时也孕育着良好的变革机遇——慕课为课堂教学及课堂生态的重建指明了全新方向。

(1) 传统教学的教师讲解技能。

第一,课堂讲解技能的主要功能。讲解指讲授法,即教师通过口头语言向学生讲授、传输知识和技能的教学行为和方法。讲解借助语言深入研究和剖析知识的组成要素、形成过程和内在联系等,帮助学生系统理解和掌握知识的内涵及规律。讲解最主要的特点是用语言传递教与学的双向信息。在课堂教学过程中,讲解常常和其他教学技能相配合,用于传授科学知识、解决学生在学习过程中遇到的疑难问题、加深师生之间深层次的情感互通和互动、培养师生感情等。教师通过讲解能够有效帮助和引导学生增加知识储备量、培养学生的学习能力、树立正确的思想道德观念等,可以说,教师讲解是教书育人的重要手段。大量研究和实践证明,准确、恰当的讲解既能让知识的传授过程变得得心应手,可以有效节约教育成本,又有助于学生高效率、高质量地认知和理解知识。课堂讲解技能具有以下六个重要功能和作用:

一是有利于系统讲授,强化认知。教师在教授新的内容和知识时,运用讲解方法,更容易让学生对所学内容和知识建立起正确、完整的第一印象。也能使学生更清晰地明确新旧知识之间的联系与区别,从而强化对所学内容和知识认知的准确性。

二是有利于帮助学生精准把握知识规律,形成正确的思维方式和系统的认知结构。教师通过对知识点或者具体问题的详细解说和剖析,为学生提供正确推理思路和科学思维方式的具象示范,帮助学生完成从学习知识到学会学习知识的转变。

三是有利于精准把握教学重点,攻破教学难点。教师在讲解知识时,可以利用强调、刻意停顿、减缓速度等方式,引导学生深刻记忆、透彻掌握知识难点和重点。如果教师的讲解逻辑够严密、层次够清晰、推理够精准、剖析够通透,学生则能够高效地理解和掌握知识。

四是有利于节省时间,提高效率。教师在课堂上进行精准的讲解,比学生自己学习或领悟，要节省时间。

五是有利于培养学习兴趣，激发学习热情和积极性。教师强大的人格魅力和言行举止会于潜移默化中影响和感染学生。例如，生动有趣、深入浅出的知识讲解，会有效激发学生的学习兴趣和热情，让他们养成爱学、好学的良好习惯，培养自主学习意识。

六是有利于把握节奏，调控课堂。讲解的教学方式方便教师自主、合理地控制课堂教学进度。

第二，课堂讲解技能的应用原则。课堂讲解技能的应用原则包括以下三点：

一是学科性。通俗来讲就是"说行话"，即要求每个学科的任课教师将本学科的专业术语作为核心语言，以此来解说和剖析知识内容。因为不同学科有其独特的基础概念和理论体系，它们共同组成了具有鲜明的学科特征、蕴含本学科知识内涵和规律的知识结构系统。

二是点拨思维。教师的讲解要充分尊重和遵循学生的认知规律，严格按照从表面到内核、从已知到未知、从具体到抽象的循序渐进的认知过程进行讲解。教师要在学生认知能力和情感需求基础上，巧妙地提出学生关注的思考性问题，并结合相应的情境设定，有效激活学生的学习欲望和兴趣。同时，要善于在讲解过程中点出矛盾，引导学生思维方向，帮助他们发现问题，充分有效地解决问题，进而树立正确的解决问题的思维方式。

三是生动启发。教师通过口头语言传授知识，虽然有利于教师自主把控教学内容和方式，但通常情况下，学生只是被动接收，缺乏一定的自主能动性。如果不注意，学生很容易陷入松散倦怠、注意力不集中的状态，从而影响教学效果。这就对教师的讲解水平和能力提出了更高要求。所以，教师要充分发挥语言艺术，加强情感交流和互动，利用生动鲜活的案例、故事等内容调动学生积极性，启发学生思维。

第三，课堂讲解的类型。讲解教学依据具体内容的性质，可分为事实性知识讲解和抽象性知识讲解两个类型。

一是事实性知识讲解。主要运用于文科教学活动，教师详细地解释、说明、阐述教学内容中具象的事件（事物）及其发展过程（开始、进行、结果）等。

二是抽象性知识讲解。主要运用于理科教学活动中，主要讲解内容包括概念、原理、方法、结构、公式、规律、问题等。依据论证的思维方式，可将抽象性知识讲解分为两种：其一是归纳式讲解。带领和指导学生对某些具体物质的相关事实材料进行研究分析、对照比较和归纳总结，提炼出事物共有的本质、特征或规律等。其二是演绎式讲解。带领和指导学生运用特定的原理、公式等，合理推理、论证某个事物，最终得出结论，认识事物。该教学方式遵循的认知规律和归纳式讲解相反。采用演绎式讲解时，要综合考量学生的实际情况，充分考虑学生的认知能力和接受程度，谨慎选择。

三是课堂讲解的一般程序。讲解教学是围绕课程主题开展的系统连贯、层次明晰、顺序明确的阶段性完整教学活动。

事实性知识讲解程序：①首要阶段——提出问题。主要是为了集中学生注意力，通过对知识内容简明扼要的概述，让学生对接下来的教学内容有大体了解和把握。②主体阶段——叙述事实。进一步详细描述和介绍具体事实，从而达到以事论理的目的。③关键阶段——提出要点。引导学生从事实内容中提炼出其背后蕴含的思想和道理，深刻把握内容主旨。④最后阶段——核查理解。检查和评价学生的学习成果，考查学生对具体事实和主旨思想的理解和掌握程度，并给予及时合理的反馈评价和建议。

抽象性知识讲解程序。依据抽象性知识讲解的思维方式，抽象性知识讲解可分为归纳式和演绎式两种，这两种讲解方式的程序正好相反。

归纳式讲解程序。归纳式讲解是指从具体的、特殊的事物中提炼总结出抽象的、一般的本质、规律等相关概念的思维过程，具体程序主要包括：①主体阶段——列举感性材料。主体阶段是整个程序的基础。罗列出来的感性材料既要与一般本质、规律等紧密相关，又要尽量保证典型、丰富，以免因为感性材料问题总结提炼出片面、错误的概念。②关键阶段——指导分析。充分调动学生思维，引导学生根据要求将所有感性材料进行形式、内容、特征、关系、成因等方面的整体性分解，为下一环节奠定基础。③核心阶段——综合概括。综合概括和分析同属智力活动，是利用思维将上一阶段分解的结果整合起来进行对照比较，筛选并找出共有属性，再总结归纳得出结论。④最后阶段——巩固深化。将新结论进行类化，帮助学生在类推中加深对知识的理解和记忆。

演绎式讲解程序。演绎式讲解是从一般的、抽象的事物中推理、论证出具体、特殊结论的思维过程，具体程序包括：①起始阶段——提出概念。这是所有环节的基础，包括提出抽象概念，分析较高的原理、概念、定义、公式等。②关键阶段——阐明术语。主要是为了更加清晰明确地界定概念，准确把握其内涵和外延。③核心阶段——举出实例。是将提出的抽象概念运用到具体事物上进行推理论证，得出结论，是从一般到具体的思维过程。④最后阶段——巩固深化。经过实例论证得到概念，再经过运用和说明等操作进一步加深理解，巩固认知。

四是讲解技能运用时应注意的问题。在讲解内容准备阶段，教师不但要清晰把握内容的知识点、重点和疑难点，让讲解过程条理清晰、层次分明，易于学生掌握，还要特别注意新旧知识之间的内在联系，遵循知识体系的规律和逻辑顺序，使新知识完全融入已有知识体系中，形成完整的整体，否则容易形成"知识碎片"，不利于系统地掌握和应用。

在讲解过程中，应充分激活学生的认知思维，有意识地将已有知识与即将学习的新知识联系起来，引导学生利用已有知识思考和把握新知识，培养学生的认知能力和自主学习意识。然后进行针对性的细致讲解，有效吸引学生注意力，加深其对知识的理解和掌握。教师要多方探索和学习，不断积累经验，找到最适合的讲解方式，既要有效调动学生的积极性和求知欲，营造轻松愉快的学习氛围，又要保证讲解的高质量、高效率。

（2）慕课教学形式下教师的讲解技能。课堂"翻转"改变了传统课堂教学相关要素的动态组合，这种改变势必引起讲解技能的变化。慕课的教学过程可以用交流信息的方式呈现出来，教师需要运用类似于谈话的方式讲解，其音调也需要有变化，其高低强弱因学习内容而定，通过夸张有效地突出重点，引起学生的共鸣。课程的重点要言简意赅，深入浅出。只有抓住重点，才能突出重点。对于重点问题，要讲精、讲透。精讲不等于少讲，如果讲得过于简单，学生就不能掌握所学内容，更谈不上精益求精。对于需要举一反三的内容（举一就是教师的事，要多讲，讲深讲透，直到学生能反三，反三则是学生的事，是学生在学习过程中利用已知探求未知的过程），教师尽量不要讲，更不能包办代替。

教师在慕课教学讲解过程中，要注意以下三个方面的问题：

第一，联系新旧知识，形成完整体系。讲解教学的显著优点之一是能够帮助学生充分了解和把握新旧知识之间、新知识各内在要素之间的联系。教师在日常讲解教学中，既要帮助学生形成完整的本学科知识体系，又要引导学生建立起科学的认知结构。教师在讲解时要将新知识与学生已有知识结构联系起来，并进行深入浅出、准确清晰的讲解，便于学生更好地理解和吸收新知识，并在新旧知识之间建立实质性联系，将新知识完全融入已有知识体系中，形成有机整体，让学生能够融会贯通，提高认知技能和能力。

第二，启发思维，发展认识能力。讲解的主要目的除传授具体知识以外，更重要的是引导学生开动脑筋，建立正确的思维方式和认知技能。要求教师在讲解过程中善于引导和启发学生，充分调动学生思维，引导思维逐层深入，让学生在学习知识的同时学会学习知识的方法。教师在运用各种生动形象的讲解方式时，应从具体到抽象、从感性到理性层层递进，帮助学生准确把握认知规律和方法，培养独立思考和解决问题的习惯和能力。

第三，培养求知兴趣，激发学习动机。学习是不同动机共同作用的结果，深受学生情感、情绪等主观因素影响。学习兴趣是积极向上的、良好的学习心理，可以充分调动学生的学习激情和求知欲，产生无限动力。所以，教师要竭尽所能利用各种教学手段激发学生的学习兴趣和积极性，而深具趣味性、灵活性、直观性特征的生动讲解能够很好地达到这一目的。

3. 课件制作技能

传统的教学模式注重口授、板书、教材书等方面，教学理念主要是"填鸭式教学"，教师只作为传授者，而学生通常是死记硬背教师所教的知识点。慕课充分利用现代的多媒体技术，使多样化的教学技术得以运用在课程中。慕课学习不再是传统教学口授、板书的课堂，它充分利用多媒体的信息技术，将影像等引入课堂中，使课堂内容变得更加丰富，更有吸引力，学生能够更加专注于课堂内容，学习效果更佳。慕课的课时短，避免出现过长的课时导致听课的学生注意力分散的问题，更适合于现阶段学生的时间安排，可以让学生充分利用碎片化的时间。慕课的教学模式更注重结构化教学，注重讨论和知识的延伸。相比于学生对基础知识的掌握，慕课更加注重对学生思想的培养。发现法、探究法、合作学习等方法可以帮助学生更好地开展学习。慕课除课堂教学外，还可以实时追踪学生的课后互动，查看学生的学习状况、听课效果等。慕课可以根据学生的听课情况，开发个性平台，及时调整上课方式，构建人性化的教学。

近年来，互联网技术的成熟和发展推动了教育的发展，使得教育形式发生重大变革。慕课平台的出现，更引发了我国教育事业的变革。在现代社会中，人们的生活节奏越来越快，慕课短、精、快的教学模式越来越被大众接受，被称为反复学习和终身学习的最佳方式。

慕课是一种适应现阶段的新型课程，它将更多的优秀教学资源投入网络，为没有进入知名学校的学生提供更加广阔的学习机会。慕课的发展适应现阶段的生活节奏，所以能够牢牢抓住消费市场。慕课视频时长通常在 1～12 分钟，以此满足学生的学习需求。慕课中微课程的"微"是短小、精练的意思，是各大优秀教师根据新课程标准和课堂时间总结出来，它以在线教学为目的，将知识框架和重要知识内容在10分钟内展现出来的，体现了教师对整个知识的掌握程度、对知识的整合能力以及对课外知识的延展能力。

慕课的时长较短，教学目标明确，教学效果更加显著。短时间的教学可以使学生在短时间内注意力高度集中，并且在互联网模式下，使学习更加便利，摆脱时间和地点限制，随时随地学习。传统的网络课程通常是将教师讲课的视频录制下来并且放置于网络上，此类视频缺乏针对性，缺少个性化，会影响在线学生的积极性，存在不能充分理解、不能持续性学习，导致学生学习热情下降等问题。

（1）视频时长要短小精悍。学生在学习过程中最常遇到的问题是对知识的接受能力较低，不能感受到知识的纳入，学习积极性会被打消。因此，在设计视频时，要重视认知超载的问题，减少视频中与课程无关的信息，将抽象内容具体化，加深学生的理解，降低学生在学习过程中出现难以理解的情况的风险，并且可以在视频中的关键处做出标记，引起学生的关注，以此提高学生的学习效率。慕课的表现方式和学习方式，是将课程进行适当分解，将难以理解的知识进行分解，并把视频控制在10分钟以内。一般而言，视频越短，越可以满足学生的学习碎片化需求。视频虽然短小，但教师不应将视频中的知识内容缩减，而是要将内容细化，要让一个视频至少解决一个学习问题，对学习问题进行把握设计、理解、开发和深度讨论。在微课视频中，大多是以问题作为开头，通过讨论问题展开学习。由于微课视频的时长短小，因此在课程之初就要开门见山地提出课程主体内容，通过提问方式，引起线上与线下互动，引发学生的思考，提高学生的学习兴趣，这样的视频模式和内容可以保证学生集中注意力，提高学习效率。

（2）视频采用丰富的教学手段。微课程是慕课教学的一部分，是慕课学习中的重要组成部分，课程设计者在设计视频时，应适当将各种娱乐图片融入其中，在不同学习内容要求下，选择不同的教育手段。微课视频的教学不同于传统网络教学，传统网络教学是面向大众的，而微课教学是有针对性地进行个案讲解，通过情景模式引导学生学习。

（3）视频与媒体结合的运用。在多媒体信息技术高度发展的时代，教学也需要与时俱进。慕课教学中的微课程视频包含很多媒体要素，如文本、图片等。课程设计者在视频设计之初，需要将这些因素考虑在内，尽量降低学生的认知难度，做到图文并茂，利用视频等将抽象化、难理解的知识点具体化，帮助学生理解。多媒体系统给予课堂教学丰富的表达形式：鲜丽的色调、惟妙惟肖的界面、动听的乐曲，使知识内容图文并茂，生动形象，在学生的认知与教师的教学之间搭建起一座桥梁，帮助学生轻松地探寻知识的奥妙。视频与图片对人的吸引力远大于文字，课程设计者要充分认识到这一观点，将视频同媒体充分结合，由此设计出更加高效、更有吸引力的微课视频。

（4）视频配备简练的文字内容。在确定基本的视频内容、教学策略等后，课程设计者要对视频进行简单的文字插入，其中包含微课程的标题、章节、知识点、视频时长等。人们对声音的接受需要反应时间，如果再配上文字，对信息的接受则更加快速和具体，学生学习时的效率也会更高。大脑集中时间只有10分钟，微课视频要牢牢把握这一时间，在视频设计和制作时，要以10分钟作为标准。如若视频过程中出现真实的主讲人，则可以通过动作表达，吸引学生的关注度，帮助学生加深理解。如果只是普通的课堂教学模式，会使学生感觉与传统课堂教学并无区别，微课的本身意义便会失去，学生的学习效率也会降低。所以视频中除课程教学之外，课程设计者还应该为学生设计提示性信息，可以引发学生的思考，跟上课程进度。例如，利用符号标注，提示学生课程中的关键信息。

因此，在慕课的课程设计过程中，应该充分把握学生的主体地位，在设计之初要关注学生的学习需求，只有真正掌握学生的认知程度和学习需求，才能更好地开展课程设计，才能为学生提供更加有效的微课视频，才能形成良性循环。微课视频大多主张开门见山，在课程之初便提出问题，通过问题展开对知识的讲述，同时不断抛出问题，引发学生的思考，将实际操作中可能会遇到的问题在课堂中提出，使实际操作可以更加顺利地开展。在做好本期视频内容的同时，微课视频还要在短时间内做好与上一期视频的衔接，巩固上一期内容，同时做好对下一期视频的过渡，为下一期的知识内容做好铺垫。

（四）慕课混合式教学的意义

推行慕课混合式教学是在信息时代实施因材施教的重要途径之一，教师从机械重复的教学工作中解脱出来所节省的时间和精力，完全可以充分投入因材施教的差异化教学工作之中，这在高等教育，特别是学校的通识教育课程中就显得更为重要。需要学习通识教育课程的低年级学生，正处于从基础教育阶段的应试教育思维向高等教育阶段的实践思维、批判性思维、创新性思维过渡的关键阶段。通识教育课程的选课学生往往来自不同的学院和专业，文理科专业背景也不同，知识结构和学习能力差异也很大，这就更需要教师根据学生的专业背景和知识结构对学生分门别类、有针对性地组织教学内容，布置相应的学习任务。在分类教学的基础上，还可以给予学生更多的人文关怀，根据学生的个体特点，进一步一对一地进行在线或面对面的教学辅导。

慕课混合式教学模式通过提高教学效率节省出的教学劳动时间，仅仅是为提高教学质量和精细度提供了一种可能性，具体是否能够真正起到实效，还要看学校和教师是否都有充分的认识并付诸行动。只有教师能够潜心教学，追求教学质量的提升，校方能够积极创造保障条件支持教师投入教学，多方相向而行、形成合力，才能产生效果，否则很有可能沦为通过慕课来应付教学工作的形式，如此投机取巧之举，最终只会因偷工减料而造成教学质量下滑。

二、大学混合式教学模式中慕课学习资源的设计

（一）慕课学习资源设计的过程

慕课学习资源的设计过程包括：①设计课程大纲；②根据课程大纲撰写课程简介、进行单元教学设计，并规划课程各单元的内容关系图；③根据单元教学设计制作演示文稿、章节导学、作业和测验题、视频以及其他学习资料，如图6-1所示，共分为8种课程资源，其中视频中的Quiz也属于测验。

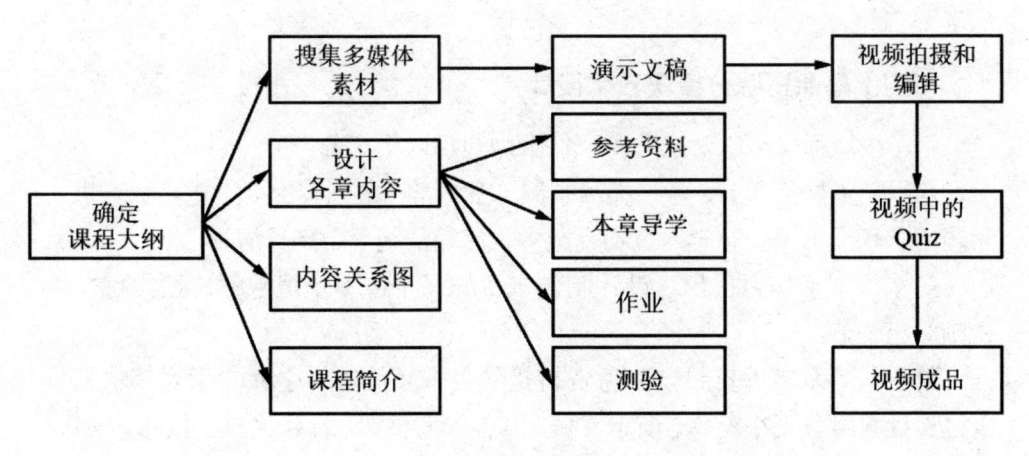

图 6-1 慕课学习资源的设计过程

（二）慕课课程设计的基本大纲

慕课仍然是课程，因此依然需要制定慕课课程的大纲。我们要根据慕课的特点进行制定，而不能只是使用传统教学制定的大纲对课程的大纲进行调整。

调整的过程和方法为：开展面向学生、教师的问卷调查和座谈—了解学生对课程的需求和感受以及教师感受—调研同类课程的开始情况—确定本门慕课的内容范围、学习目标、重难点—划分成"章"（模块）—将各章进一步划分为多个"节"（单元）—明确每节的名称和内容（每节一般对应一个相对完整的知识点，表现为一个短视频）。

（三）慕课设计课程的主要信息

课程主要的信息一般情况下包含如下两个方面的内容：常见问题和课程简介。常见问题是需要找出课程学习中可能遇到的常见问题并罗列出来，通常的常见问题会以问答的形式说明。

课程简介应该至少包括：课程各模块间的关系图、课程特色、授课教师、成绩考核方式、知识单元与进度安排、课程目标、学分、课程名称、课程学习所需的前导课程、成绩评价方式和有关要求，以及教材与参考书等内容。如果课程为学位课程，则应说明本课程在人才培养体系中的地位；如果课程为混合学习的一部分，则还可以介绍线下活动的安排、教学方法和组织形式等。课程简介一般情况下发布在课程首页，可以采用图文或者视频的形式进行说明。

（四）慕课资源分模块教学设计

每个模块通常可以对应一章，每章中包括以下部分：

第一，本周（章）导学。编写本周（章）学习的内容提要、重点、难点、学习要求和提示等。导学内容不宜过多，应简洁明了，条目清晰。

第二，本章学习视频。设计制作本章的一个或多个短视频，通常每个短视频对应一节。

第三，本章参考资料。参考资料是除主视频等资料之外的学习资料，可以是课程教学答疑小视频、演示文稿、其他参考资料、在线文献、报刊、书籍、论文等。根据相关性，参考资料一般发布在某个短视频的后面。演示文稿和其他格式的文档需要以 PDF 文档的格式上传。也可使用平台提供的富文本在线编辑,每一个授课单元的答疑小视频都可以放在该单元教学内容的最后,以供学生观看。

第四,本章作业。作业一般是主观题,通常采用教师批改或者同学之间互评的方式进行评分。为了可以自动评分,应当在作业是客观题的情况下,将其归入测试题中。作业的评判标准应当本着公开、公平的准则,其中同学互评的评判标准要本着易于理解、详细的准则,使学生的评判更合理、更公平。

第五,实验。如果课程有实验实训环节,则应将实验实训内容发布在平台中。实验实训可以是在线的(如虚拟实验、计算机类操作实验),也可以是线下实体环境中的实验。

第六,测试题。编写各章的测试题,包括每章结束后的"每章测试",根据章节内容可设置20个左右的选择、填空、判断等题目。同时在每个视频中间、视频结束后还应设计与该视频内容紧密相关的Quiz。视频中一般设置1～2个题目,如每隔5分钟出现一个客观题让学生回答,答对才能继续观看。每个视频观看完毕后,可设置3～5个测试题。

第七,网上讨论主题。为了引发学生对学习内容的思考,教师可针对每章内容设计几个让学生讨论的主题,内容通常与本章重难点内容相关。学生也可以发布其他讨论主题。

三、大学混合式教学模式中慕课视频设计与制作

慕课视频是慕课中最重要的学习资源,其设计和制作可以参照以下三个环节:

(一)设计单元教学目标

具体而明确的教学目标有助于准确有效的学习评价。根据加涅的学习结果分类和布鲁姆的教学目标分类理论,首先判断学习结果的类型、学习要求的层次,选择合适的动词,根据ACBD法描述每个单元的教学目标:学习对象(audience)在何种条件下(condition)的学习行为(behavior)达到何种程度(degree)——如"学习者能够举例说明计算机的5个特点"。不同的学习结果可采用不同动词进行描述,学习结果可以分为三类:言语信息、智力技能和情感态度。

（二）拍摄并且制作脚本

需要拍摄的慕课视频可能是包含教师形象的视频，也可能是计算机操作过程的屏幕录制视频，还可能是设备仪器的操作演示过程。这些视频在拍摄前都应有相应的脚本。

1. 电影脚本式

一种理想的脚本设计方法是，按照教学设计的过程，设计本单元各知识点的教学顺序和呈现的媒体（文本、图像、动画、视频等），并编写类似电影拍摄的脚本，见表 6-1 和表 6-2。

表 6-1　认知类教学目标的分类及描述

布鲁姆教学目标分类	加涅学习结果分类	ACBD 法的动词选择
认知学习领域	言语信息	remember（记忆）：tell（说出）、list（列出）、describe（描述）、name（命名）、repeat（重复）、recall（回想）、identify（识别）等
	智力技能	understand（理解）：change（改变）、explain（解释）、restate（重述）、find（找出）、describe（描述）、define（定义）、compare（比较）等 apply（应用）：practice（练习）、employ（采用）、demonstrate（演示）、show（展示）、report（报告）、classify（分类）、put in order（排序）等 analyze（分析）：distinguish（区分）、focus（聚焦）、survey（综述）、compare（比较）、contrast（对比）、investigate（调查）、solve（解决）等 evaluate（评估）：judge（判断）、select（选择）、decide（决定）、debate（辩论）、justify（证明）、recommend（推荐）、verify（验证）、measure（测量）、test（测试）等 create（创新）：design（设计）、construct（构建）、invent（发明）、imagine（想象）、compose（组合）、predict（预测）、organize（组织）、plan（规划）、set up（建设）、improve（优化）等

表 6-2 单元教学设计案例

表现形式	画面内容	音频内容	说明	时长/s
视频素材	办公事务处理、Intel 未来教室、电子商务、PAD 播放影片、个人 PC、服务器、大型机等	科技感的快节奏音乐、解说词	计算机的应用、多种形式的计算机引入计算机的概念	30
教师出镜讲解	教师在具有科技感的背景前讲课的影像	教师授课声音	教师以提问形式引发学生对计算机的内涵与外延的思考	30
动画展示计算机的概念	以打字机效果显示计算机的定义	打字机声音	强调显示计算机的概念	30
视频素材	各类计算机的应用短片	解说词	计算机有很多特点，引发学生思考最核心的特点	30
ACM 出版的计算机百科全书展开的动画	计算机百科全书封面，自动翻到计算机特点的一页，在计算机的特点文字下出现下划线	解说词	用动画强调计算机的核心特点	30

表 6-2 中的表现形式是一种理想的方式，脚本虽然非常清晰，但需要花费大量时间。这样的脚本主要依靠教师完成，可以用于片头或少量的视频设计，若所有视频均采用该设计方式，将给教师增加极大的负担。

2. 演示文稿式

电影脚本的方式比较复杂和耗时，实际上很多优秀的慕课也并没有设计标准的影视制作脚本。目前比较流行的方式是把每一个慕课视频制作成一个演示文稿，演示文稿的内容尽可能地接近视频成品的内容。慕课视频中内容的逻辑体现在演示文稿中幻灯片的顺序，以及幻灯片中元素动画的顺序上。每张幻灯片的内容为要展示给观众的视觉内容，声音内容为教师讲解的语音。这样的演示文稿看起来更像是教师上课的课件，但比教学课件要求更高，体现在以下方面：

（1）内容逻辑顺序要更加严谨，文字表述准确、精练。

（2）根据内容的需要，收集本讲视频内容相关的图片、视频、文献等资料，使内容丰富多彩，要求图片质量高，无版权争议。

（3）演示文稿中可能需要添加实景的视频内容（如交换机的安装等），还可能需要制作成矢量动画（如计算机缓存的原理等）。需要将视频或动画插入演示文稿中，如果视频或动画没有制作完成，可以在演示文稿中说明"此处播放×××视频（动画）"。

（4）演示文稿中元素（如文字、图片、表格、图表等）的动画要精心设计，着重通过动画帮助观众理解重难点。

（5）讲解的文字或其他说明可以放在演示文稿的备注中。

这样制作出来的演示文稿可以用于课程视频拍摄和制作，也可发布在平台中，作为学生快速学习的教学课件。有了这样的演示文稿，其在教师出镜录制视频时可以直接作为视频录制的内容出现；也可以作为教师讲解的内容，虽然不直接出现，但可以作为教师讲课过程的思路提示；同时也可以作为后期制作的主要内容来源。

（三）视频的拍摄方案

视频拍摄前，教师和拍摄团队应共同讨论拍摄方案，包括拍摄的场景、物件布置、教师的服装风格等。在教师出镜视频拍摄时，一般应注意如下事项：首先，着装要求。服装尽量避免反光材料，服装上面最好无斑点、条纹等元素，并尽量避免与背景的颜色相同，穿着不宜过于运动和休闲，除非课程内容需要营造休闲和运动风。其次，拍摄时的肢体语言。动作幅度不宜过大，如果出现错误或者忘词，则保持原姿势不动，暂停3秒后继续讲解，将出错内容应重新讲解一遍。如果是教师一人讲解，则眼睛要注视主机位；如果是多人授课（如访谈等形式），则至少在开始和结束时应注视镜头。如果担心忘词，可以将要说的话全部写出来，制作成演示文稿或其他文档形式，并通过提词器显示在摄像机镜头前方，教师讲解时可以方便地看到。最后，测试录制文件。在视频录制完成后，录制人员一般应立即对视频进行检查，重点检查录制是否正常，如声音是否正常、录制是否完整、教师面部的补光是否合适等。如果正常，则进入下一个视频的录制。

教师出现在慕课视频中的形式如下：

第一，教师不出镜。教师不出镜，但视频的声音依然由教师解说。这种视频的录制分为两种方式：一是为视频内容即为教师制作的演示文稿播放时的录屏内容，可以根据需要再做些后期处理，如增加字幕、版权说明等；二是为录屏内容或动画效果,可根据需要增加相关注释,总体而言,尽管教师在视频的图像中并非一直出现,但为了更具连贯性,此时画面的声音通常仍然为教师的讲解语音。因此,在录制时,教师通常需要一次拍摄完出镜的部分和不出镜的部分。

第二,教师出镜。在一个慕课短视频中,教师通常在片头、片尾、强调重难点、内容转场等情况下出镜。这种情况也可分为两种形式:一是实景拍摄,拍摄时教师在室内或室外的真实场景内拍摄,可以安排在室内或室外。可以教师一人主讲,也可以采用多人谈话方式。二是教师在绿屏或蓝屏前完整讲课后,后期编辑时"抠像"再与其他内容合并。

总结上述的慕课视频形式,按照视频内容的功能,一个慕课视频的组成可以包括片头、本讲开头、转场、具体内容和片尾几个部分,在每个组成部分中,教师可以根据需要出镜或不出镜。

四、基于慕课的大学混合式教学模式设计体系

(一)基于慕课的混合式教学模式设计痛点

"痛点"是互联网产品设计中常用的一种需求分析思路。痛点(pain point),顾名思义,是痛苦的点,当用户在使用产品或服务的时候抱怨、不满、让人感到痛苦的接触点(touch point)。痛点分析就是对系统可能造成参与者痛苦的关键需求进行分析。

教学系统设计是一个复杂的系统工程,包括教学目标、学习者特征、教学模式和策略、教学评价等诸多方面,本书从教学设计的痛点出发进行混合式教学系统设计,主要原因是混合式教学是课程教学的教学表现形式,其在课程的教学目标和教学内容方面与传统课堂教学是基本一致的,因此传统的教学系统设计中的很多内容可以延续到混合式教学中。本书在开头就提到,慕课混合式教学设计面临的主要问题是"混哪些?怎么混?",也就是需要重点思考混合式教学的组成元素以及各元素的占比。由于混合式教学的目的是弥补传统课堂教学的一些不足,这些不足是否能得到有效弥补,就是混合式教学设计中的核心痛点。同时,慕课混合式教学是对传统教学流程的重构,势必会在实施过程中带来一些新的问题,这些问题很多是教学设计者在教学设计阶段能预感到的隐患,针对这些隐患,如果教师不能在教学设计阶段有针对性地设计出对策加以应对,那么它们很有可能遵循"墨菲定律"(会出

错的事总会出错；如果担心某种情况发生，那么它就更有可能发生）而发生。因此，是否能够避免混合式教学在解决传统教学中固有问题的同时又产生新的问题，也是混合式教学系统设计中的痛点。

在混合式教学设计中一个核心刚性需求，或者说突出的痛点就是在教学流程和时空环境重构后，如何确保教学质量与传统课堂教学相比不降低、不滑坡，并且能够在提高教师的教学效率和学生学习效率的基础上进一步提高教学质量和效果。

混合式教学设计的另一个痛点是混合模式的切入点，或者说是结合点选择问题，这主要是对于教师和教学设计者而言的痛点。在混合教学设计中，除已有的慕课课程资源外，还需要设计和组织什么样的线下教学活动，还需要增补哪些在线的学习内容，以及各个教学元素的比重如何设定，都是需要教学设计者重点研究的问题和内容。

（二）基于慕课的混合式教学模式目标设计

由于慕课混合式教学的背景是互联网时代的网络化学习，因此混合式教学蕴含的深层内涵和要义是打破传统教学的时空限制，换言之，互联网环境中学习者的所有学习和探究行为都是在网络联通的前提下进行的，在整个学习和解决问题的过程中可以随时进行互联网搜索，以及与网友沟通交流，因此整个学习过程与传统课堂教学在限定的时间、限定的场合，要求学生在信息来源渠道相对单一的条件下相对独立地完成学习过程相比有着巨大的改变。随着这种教学模式的不断变化，课程的教学目标也应当进行相应的调整。

总体而言，慕课混合式教学的教育教学目标应该与课程使用传统模式的教学目的大致相同，但在教学目的的侧重点上有相应的调整，以此适应这个信息时代对学习者的新的要求。具体而言，慕课混合式教学的教学目标应该侧重于学习者对课程内容的分析、运用和创新能力的培养，在当前云计算、大数据、人工智能等信息技术发展的时代，计算机在信息的存储和数据的运算方面全面超越了人类，因此在信息时代，对人类而言主要应该培养的不再是记忆能力和运算能力，而应该是"迁移学习"能力。所谓"迁移学习"（transfer learning）指的是人类思维可以运用之前学到的知识解决当下的新问题，取得更好的效果或者更快地解决了问题。迁移学习被赋予这样一个新的任务：从以前的学习内容中去掌握经验或者学习知识（knowledge），并应用于新的任务当中。换一种说法，迁移学习的目的是从多个任务源或者一个任务源（source tasks）中抽取经验、知识，然后应用到一个目标领域（target domain）。因此，可以说迁移学习的核心就是我国传统教育思想中总在强调的举一反三的能力。虽然目前人工智能研究领域试图使计算机也具备迁移学习的能力，但从总体上看，迁移学习仍然是人类思维区别于计算机人工智能最显著的一个特征，也是互联网时代学生应该重点培养的能力，同样也是互联网时代课程教学最重要的教学目标。

慕课混合式教学目标的着重点是提高学生在互联网背景下的探索性学习能力，避免死记硬背，帮助学生摆脱应试教育中学习是在限定时间和孤立空间内完成的个人行为的思维，培养学生能够在网络空间的弹性时间内通过社交网络和共享的知识库自律地进行自主学习，提高问题导向的思维能力、分析问题的能力、迁徙学习的能力、团队协作的能力、批判性思维的能力等。

（三）基于慕课的混合式教学模式学习者特征

由于慕课混合式教学的一个重要意义是增加教学过程中的差异化教学和个性化教学的比重，在慕课混合式教学系统设计中，对学习者特征进行分析是需要重点分析研究的方面。特别是由于很多高校将慕课混合式教学率先应用于通识教育的素质选修课教学中，而高校全校性通识教育选课最大的特点就是没有学院和专业的限制，同一门课程的选课学生来自文科、理科、工科等不同的学院和专业，因此如何有效地进行学习者特征分析，采集并分析学生的相关数据，根据学生情况进行合理分类，设计适当的团队分组原则，是慕课混合式教学学习者特征分析的主要目标和意义。

第一，专业背景。专业背景是学生所在的学院专业的客观信息，一定程度上可以反映学生的知识结构，而且在慕课混合式教学中为了提高教学效率，所有的客观数据都应该从教务系统中自动同步。

第二，知识结构。学生的知识结构可以参考其专业背景来分析，但是需要注意的是，当前学生的知识结构越来越多元化，因此不能机械地用专业背景来推断学生的知识结构，可以通过问卷调查和小测验的形式收集并分析学生的知识结构。

第三，兴趣爱好。兴趣爱好往往对学生的学习动机和积极性产生较大的影响，特别是在面向差异化教学和个性化教学的设计中，根据学生的兴趣爱好有针对性地组织教学内容，并引导学生进行探究性的学习是教学设计的主要目标。兴趣爱好可以通过问卷调查的形式收集数据。

第四，自评。自评的含义是要求学生在正式开始课程学习之前，通过填写教师设计好的问卷，对自己当前的知识结构和能力水平进行自我鉴定与评估，帮助学生正视自己的现状，分析自己的特长和短板，以便在学习过程中有针对性地弥补自身存在的知识短板。

第五，认识同学。慕课混合式教学的一个重要特点就是强调互联网环境中的团队协作式学习，避免出现很多教育专家担忧的慕课让学生学习过程更加孤僻的问题。团队协作的前提是认识、了解同学和可能的队友，因此，学生的专业背景、知识结构、兴趣爱好、自评数据等信息应面向全班学生公开，让学生在充分认识自己的同时充分认识同学，引导学生思考如何在团队学习过程中充分发挥自己的特长，并且能够积极与团队成员进行合作，最终通过课程学习提高学生的沟通交流能力和团队协作能力。

第六，痛点分析。与教师对混合式教学设计的痛点分析的目的类似，学生在开始学习课程之前也应该对自己学习该课程的痛点进行分析，从而让教师能够进一步掌握学生的特征，帮助学生在学习过程中重点解决痛点。以高校一门与信息技术相关的通识教育课程为例，通过问卷调查分析可以看出，文科学生的学习痛点是担心课程内容太难、学不会，而理科和软件相关专业的学生担心课程内容太浅，浪费时间，所以在教学设计中如何满足不同专业背景和知识结构的学生学习需求就是教学设计重点要解决的问题。

第七，性格特征。除显性的专业背景和知识结构等信息之外，学习者的性格特征往往更难以察觉。但是在强调团队协作的混合式教学中，学生的性格特征是非常关键的因素，有可能会影响学习团队内部的合作和协调，因此了解学生的性格特征是教师对学生进行有效的沟通、交流和辅导，以及合理制定团队分组策略的重要依据。需要特别注意的是，由于人的自我防御机制，直接的问卷调查往往难以获取被测者真实的数据，因此可以使用专业的心理性格测试问卷对学生进行性格特征分析。

第八，学习者特征分析的技术要求。传统的教育研究往往基于大量的问卷调查，在当今云计算、大数据、移动应用技术全面普及的时代，如果仍然沿用"纸质问卷+人工整理"，或是"网络问卷+人工整理"的形式，就会显得非常不合时宜，使教师和助教完全没有从机械的手工劳动中解脱出来，教学效率不但难以提高，反而会因为对学习者特征分析的细化而增加工作量，因此在慕课混合式教学系统中，基于移动 App 前端界面和自动处理数据，并生成数据可视化报表的后台数据处理系统，是进行学习者特征分析的先决条件。具体的形式和操作流程是，教师通过教学 App 发布问卷，学生用手机就能完成填写和提交，提交后的数据自动生成可视化报表，教师可以通过后台管理平台进行进一步分析，学生直接在手机中可以查看与自己有关的报表（如个人和同学的兴趣与能力雷达图）。具体的技术实现，有条件的学校和教师可以自主设计并开发 WebApp，也可以使用一些慕课平台内置的问卷和数据统计功能。没有条件的学校和教师可以充分利用互联网中的在线问卷网站的服务来完成。

（四）基于慕课的混合式教学模式环境设计

打造支持新型教学模式的信息化生态环境，构建智慧教学环境已经成为高校信息化建设的主要目标，各高校应该推进智慧校园建设，不断完善无线校园网覆盖，建设智慧教室，开发慕课课程。在智慧教室的设计中遵循"以人为本"的理念，高度关注用户的关联体验、思考体验、情感体验、活动体验和环境体验，以创新人才的培养为目标和核心，构建创新型智慧教学环境，为师生提供轻松舒适的学习环境和全媒体的信息获取渠道。高校在教学信息化建设过程中应注重秉承以教学为中心，深入教学内容，紧密结合教学过程，创新教学模式的理念，全力推动信息技术与教育教学深度融合。

在基于慕课的教学改革过程中注重线上与线下相结合，通过"翻转课堂"改变教学方式，并改变学生的学习习惯和学习模式，使知识传递形式更多样化、可视化、立体化。从学生"学"的角度出发，逐步从"要我学"转变为"我要学"，最终有效缓解教育需求差异化、个性化问题。高校在推动慕课和"翻转课堂"等信息化教学模式的过程中还要同步提高教师的信息化教学应用能力，构建校本教学资源库，促进传统课堂教学模式向线上与线下混合的"翻转课堂"教学模式转型，从而进一步提高学校的人才培养质量与水平。

1. 网络环境的设计

慕课混合式教学所需的网络环境包括校园网络和外部互联网，并且特别强调无线网络（Wi-Fi）和手机移动网络（4G\5G）的接入，需要从多个方面进行整体的网络环境构建和优化。首先，学校应该积极构建层次分明的校园教学网络，校园网的意义和价值不应该是简单的校园内接入互联网的接口，重点不应该是提供通用的互联网接入服务，而是应该将主要的带宽和资源用于保证教学相关的需求，并且合理划分网络层次，能够根据教学需要随时限制或断开与教学无关网络访问。校园内的教学环境包括教室、实验室、图书馆。

应该积极建设校园无线网络，确保学生能够在混合式教学中充分使用个人笔记本电脑和手机等自带设备（BYOD）终端，实现实时的信息检索，并通过移动教学 App 与教师和同学交互，校园无线网同样需要对非教学流量进行限制，通过限流保通的机制，保证大量学生并发接入时都能够正常访问教学资源。其次，除学校自建的以教学应用为导向的校园网之外，在当今智能手机全面普及和移动网络资费下降的背景下，学校应该加强与手机通信运营商的合作，引入运营商为学生提供适合学生网络化学习的流量资费套餐，让学生能够随时随地访问教学资源。

2. 学习社区的设计

学习社区包含课程的分组团队和互联网中的虚拟学习社群，教师对课程学习社区的营造和管理是慕课混合式教学的核心教学形式之一。教师在通过即时通信软件建立基于腾讯 QQ 群、微信群聊的网上学习社区后，要注重经常保持在线与学生进行交流沟通，营造良好的网上学习氛围，具体的注意事项包括以下四个方面：

（1）教师应该尽可能地保持在线，实时反馈学生的问题，因为慕课混合式学习的特点是学生一般情况下会在周末和晚间等没有课堂教学的时间来进行慕课学习，因此教师在这些非工作时间段与学生的交流就显得非常重要。

（2）需要特别注意的是，要求教师保持在线并不是要延长教师的工作时间和增加教师的工作量，只需要教师保持一种与学生真诚沟通的心态即可，因为现代人对手机的使用黏度越来越高，很多人平时都会加入各种好友、兴趣、社区、同事等群聊，并且对自己关心的群聊都能随时保持关注和参与，因此在混合式教学的学习群中，教师只要能够像对待自己的个人兴趣群一样对待课程的交流群即可。

（3）教师在课程交流群中的主持、调动、引导作用远比传统意义上的答疑作用要重要，在慕课混合式教学实施过程中，学生提出的问题往往比较雷同，再回答一次之后就可以将该问题汇总发布到网上的常见问题与解答（FAQ）之中，今后再有学生提出类似的问题就可以让学生自己查询，经过一轮教学过程后，FAQ 的内容越来越完整，教师的工作量会逐渐减少。但需要注意的是，即使是简单地回复学生去查 FAQ，这种实时的回复也非常重要，因为实时反馈可以有效体现教师对学生的人文关怀，消除学生对教师们的心理隔阂，能够有效地培养学生的自主探究学习能力和学习积极性。因此，教师参与网上学习社区特别要避免采用定时答疑形式，以免给学生产生例行公事的印象，从而减弱学生参与学习社区交流的积极性。

（4）在慕课混合式教学中教师可以观察并挑选学习积极性高、学习理解能力强的学生作为团队分组的组长，在网上学习社区中培养骨干学生，通过骨干学生在学习小组中传达教师的教学要求并协助教师进行答疑，通过生生交互进一步提高混合式教学的效率，并培养和锻炼学生的协作学习能力。

3. 实验室和智慧教室设计

慕课混合式教学除了线上的慕课资源外，还需要有线下的学习环境，根据慕课混合式教学的教学目标，传统的多媒体教室已经不再适合团队分组教学和探究式学习的需要，因此学校有必要根据自己的课程特点设计并建设满足慕课混合式线下教学需要的实验室和适应团队分组讨论的智慧教室。混合式教学实验室主要的作用是开展教学内容线上无法完成的实验操作，除传统的实体实验室外，学校还可以考虑建设基于虚拟现实和增强现实技术的数字化实验室。

能够满足分组讨论、智能手机和终端接入、网络远程交互的智慧教室是今后各高校实施慕课混合式教学需要重点建设的教学环境。目前高校的教学环境还是以讲授式的课堂为主，虽然大部分教室已经配备了多媒体教学设备和网络接入，但从总体来看教学模式仍然是以传统的课堂讲授为主，投影机等多媒体教学设备的作用更多是"黑板粉笔搬家"，学生在课堂内的信息来源渠道单一、参与度不高，更多是对教师讲授知识的被动接受，大学生从基础教育阶段延续而来的应试学习思维普遍存在。

因此下一步教学环境的建设和设计的首要问题是，怎样利用信息化教学培养创新型人才。

4. 社会实践环境的设计

慕课混合式教学中除实验实训以外，绝大多数内容都可以通过网络在线开展，因此教师应该认真斟酌线下教学活动的设计和组织，如果设计不当，很有可能会把完全可以在线上完成的内容又搬回线下，最终演变为"为了线下教学而线下教学"或"为了混合而混合"，导致混合式教学沦为一种新的僵化的教学形式，从而失去混合式教学的价值和意义。因此，在目前大学生普遍缺乏社会实践经验，国家大力倡导大学生创新创业能力培养的背景下，慕课混合式教学的线下教学走出校园，深入社会，让学生在社会实践中深化对课程教学内容的理解,是高校混合式教学设计的方向。

(五)基于慕课的混合式课程总体方案设计

课程改革的总体实施方案应在课程开始前完成并上交教学主管部门。通过课程改革方案,教务部门可以了解为什么要进行改革、究竟如何改革、预计的成效、需要学校提供何种支持等,如图6-2所示。

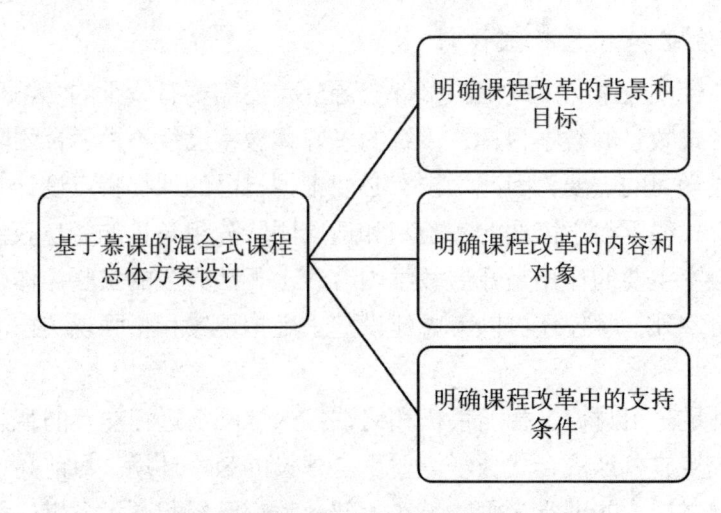

图6-2 基于慕课的混合式课程总体方案设计

1. 明确课程改革的背景、目标及内容

改革的背景通常是目前的课程教学不能适应人才培养的需要,课程质量有待提高,具体而言,通常是课程内容、教学方法和手段等需要调整。例如,某学校的大学计算机基础改革的背景为:围绕学校办学定位和应用型人才培养的目标,适应信息化时代的人才培养特点及其新的要求,培养学生的计算机应用能力及信息素养,进一步深化教学改革,强化实践、突出应用,开展基于慕课的大学课程教学改革,以促进课程教学质量的根本提升。

相应地,要说明改革的目标。改革的总体目标则是通过改革提升课程质量,具体体现在哪些方面在改革方案中应有所描述,例如,提高学生对信息技术的兴趣和敏感性,提高学生的学习积极性,培养学生利用网络开展学习的习惯,改善学生的自我控制能力等。此外,还应说明如何检测改革的目标是否达成,如可以通过调查问卷和学生课程成绩等分析改革成效是否达成。

课程改革实施方案应包括课程改革的背景、课程课时的调整、课程内容的调整、课程教学方法、课程评价方式、相关支持条件等内容。

2. 明确课程改革中的实施对象及方式

（1）实施的对象。改革方案中需要说明改革方案的实施对象，通常为某年级的某个或多个专业的学生，有时需要做对比实验，可将一部分学生作为改革实施对象（实验班），再选择一些学生不进行改革（对照班）。为了客观公正地分析改革效果，在分班时应保证实验班和对照班在统计学上是没有区别的。

（2）学分和考核方式。第一，说明改革前后课程的课时和学分变化。例如，开展基于慕课的混合教学改革后，理论课时和实验课时是否改变、学分是否需要调整。通常在改革后，学生需要在线上自主学习相关内容，花费数个小时进行学习。因此，线下学习环节（主要是理论课堂）的课时要适当减少，以保证改革前后学生的学习时间不显著增加。

第二，说明考核方式的改革方向。开展基于慕课的混合教学改革后，增加了线上学习环节课程的考核方式，并随着理论课堂相应的翻转等改革也作出了必要的改变，例如，如果课程最终成绩来自过程性评价的成绩比例增加，那么多个学习环节的成绩、期末考试等最终成绩的比例要适当减少。每项成绩的评价方法都应说明具体的评分方法。

（3）课程的进度。说明每周课程的学习内容和具体进度安排，包括时间进度、每周的教学环节安排。任务设置及时间安排等应遵循一致的规则，从而便于学生记忆和遵循。此外，由于开展翻转课堂需要学生提前完成相关任务，因此在排课时，应考虑学生有一周左右的时间完成任务，如果能安排在实践环节后，则在翻转课堂上就能将理论和实践操作一起进行设计。

3. 明确课程改革中的支持条件

开展教学改革无疑需要教师投入更多的精力，同时还可能需要相关经费用于鼓励和奖励学生。因此，在改革方案中明确需要的经费和政策支持。尽管不同学校的政策有差异，但大多可以采用"折合工作量"的方法，即将教师在课程改革中的工作量折合为教学工作量，或者直接在该课程原有课时的基础上乘以加倍系数。例如，某课程原有课时为28（理论）+28（实验），开展基于慕课的教学改革后，理论课程调整为14课时但采取翻转课堂模式进行，实验课时不变但增加了线上学习活动。

五、基于慕课的大学混合式翻转课堂设计与实施

慕课兴起之后,基于慕课开展翻转课堂成为国内外教育改革的新发展趋势,为教与学的改革提供了新的思路。"翻转"能否成功取决于学生课前的准备,更取决于教师的设计。教师需要让学生课前多做准备,课中保持注意力,记录课程中的各类数据,并为下一次翻转课堂提供准备。

翻转课堂(Flipped Class)起源于 2007 年,由美国知名教师乔纳森·伯格曼(Jonathan Bergmann)和亚伦·萨姆斯提出。乔纳森·伯格曼被誉为"翻转课堂先行者",曾获得美国数学和科学卓越教学总统奖,他和亚伦·萨姆斯合著了《翻转学习:如何更好地实践翻转课堂与慕课教学》和《翻转课堂与慕课教学:一场正在到来的教育变革》等热门书籍。结合多方面的观点,本书认为:

第一,翻转课堂是通过加强课下的学习活动,并相应改变课堂教学活动,通过课前的预习自学、课中的翻转课堂和课后的复习三个阶段的学习,最终实现深度学习和适应学生个性化发展需要的课堂教学形式。其中课下的学习活动可以采用在线学习或非在线学习方式,但在线学习方式具有能够记录和管理学习情况等功能,有更显著的优势。

第二,在课下的自学活动中,学生首次接触学习内容,然后,在课上可以再通过翻转课堂活动促进学习内容的迁移和内化。

第三,当线上的学习为慕课课程时,这样的学习就是基于慕课的混合学习;而当采用在线学习作为课下环节而课上采用翻转课堂时,这样的学习就只是一种混合学习。

第四,翻转课堂更适合大学生的学分课程,但对于大多数课程,都可以在部分内容中采用翻转课堂的方式进行教学。关于一门课程是完全采用翻转方式还是部分翻转的方式,需要根据课程内容、学生的特点等因素进行综合考虑。

相对于翻转课堂,还有一种更易于实施的课堂形式,我们将其称为"混合课堂"。不同于翻转课堂,在混合课堂上教师可能带领学生学习新课内容。例如,45 分钟的课堂,课前并不要求学生自学,或要求自学但学生未能完成,这时教师会在课堂上讲授课程的重难点内容。教师当堂安排测试、作业(个人或小组)和讨论等环节,较为容易的内容安排学生课后自学。课堂上测试的内容为刚刚讲解的内容,测试成绩可以不计入课程总成绩。如果为阶段性

第六章 多元维度下的混合式教学模式实践研究

测试（如对本章内容的测试、期中测试或期末测试），则测试成绩建议计入课程总成绩。这样的课堂由于在课上初次接触课程内容，因此不再是标准的"翻转课堂"，但是借鉴了翻转课堂的思想，也适合学生未能很好完成自学任务的情况，所以具有更大的灵活性，同样有可能获得较好的教学效果。

我们以"课下""课上"为观测点，从活动和感受两个方面对比翻转课堂和传统课堂，来进一步观察翻转课堂带来的改变，见表6-3。

表6-3 翻转课堂与传统课堂的对比

观测点	翻转课堂				传统课堂			
	教师活动	教师感受	学生活动	学生感受	教师活动	教师感受	学生活动	学生感受
课下	组织线上资源和活动、设计翻转课堂活动、收集线上学习信息	任务较重	学习指定资源，进行线上讨论、小测验	有压力	熟悉教学内容、制作教学课件	任务量适中	建议预习，但其实可以什么也不做	没有压力
课上	针对性地讲解学生理解困难的内容、组织讨论等交互活动等	从容不迫，有更多时间关注学生	听讲、答题、回答提问、参与小组活动	大部分时间不得不参与。教师注意力主要在学生身上，有压力	讲解全部内容，有少量的课堂测试和讨论	赶进度，没有足够时间关注学生	积极的学生大部分时间主动参与；被动的学生随时可能游离于课堂之外	教师注意力主要在课堂内容上，没有压力

通过上述分析，翻转课堂与传统课堂相比可总结为"三变"和"两不变"。"三变"是指课堂上师生角色的变化——教师为主体转变为学生为主体、课堂任务的变化——从讲授知识转变为促进知识的深入理解、课堂环境的变化——软硬件环境的支持才能有效开展翻转的活动；"两不变"是指在课堂上开展的活动类型是相同的，即翻转课堂上开展的很多活动与传统课堂相同，如测试、讨论等。在一门课最初转变为翻转课堂模式时，教师的工作总量是增加的，但是当该课程多次开设后，平均每门课的时间投入将逐渐降低，特别是采用多校合作共建共享的方式，教师的平均工作量可能会低于传统教学。

（一）翻转课堂的基本优势

对比传统课堂和翻转课堂可以发现，在翻转课堂中，教师和学生的角色都发生了改变，教师不再是传统的主讲者，而是全面了解课程内容、了解学生和主导课堂的中心。但在教学方法上，翻转课堂和传统课堂并无显著差异。可以发现，传统教学方法包括讲授法、演示法、谈话法、讨论法、练习法和实验法。只是在实际的课堂教学中老师们普遍选择了讲授、演示这样的方法；在习题课上通常采用练习法，但更多的还是在讲解习题；在实验课中，才会采用实验法；讨论法、谈话法等很少会被采用。

在翻转课堂中可以开展的活动特点是都需要学生参与，如提问、测验、讨论、汇报等。学生可以在这些活动中答题、思考、发表观点等，这些活动有的直接可以得出分数，有的则可以由教师或同伴给出等级，分数或等级均可以计入课程成绩。而在传统课堂中，大部分时间是教师在教授，少数学生被提问，很难对学生的课堂表现进行评价。因此，在激励和评价机制的作用下，翻转课堂上学生就"活"起来了，教师并不需要时时刻刻讲解，自然也不会围着讲台活动，而是会出现在任何学生面前，这样教室也就"活"起来了。课堂上的学生和老师都"活"了，课堂就活了，学生的积极参与将获得更好的学习效果。

在实际教学活动中，绝大多数教师都采用讲授法，但讲授法并不符合人的认知规律，人们很难长时间地保持高度的注意力，因此讲授法常常令人乏味，主动性不够的学生学习效果尤其不佳。对于应用型高校而言，大部分学生的学习主动性不够，又缺乏自主学习的能力，因此学习效果不佳。原因有以下两方面：一方面是因为讲授是最有效率的方式，能够保证课程进度；另一方面，讲授方式是教师最熟悉的方式，这种方式伴随了教师的学习经历，是最自然的、最方便的方式——教师自己主导、无人打扰，只要按照原来的设计讲解即可，因此讲授法高效而易行。

在批评讲授法的同时，我们也发现，如果是同一位优秀的教师，对教学内容非常熟悉，对传统教学方法非常熟悉，具有高超的语言艺术和个人魅力，且教学内容为对抽象思维和实践训练要求较少的文史类知识，那么采用讲授法等传统教学方法依然能达到很好的教学效果，例如，北京师范大学的于丹教授、上海复旦大学的陈果老师等。然而，大部分教师即使对教学内容非常熟悉，也很难通过口头讲授就能达到很高的教学效果。对于操作实践性强的工科等类型课程，即使听懂了，却依然不会做。因此，结合课下的自主学习（慕课等线上学习形式）将帮助大部分教师达到更好的教学效果。在翻转课堂的课堂教学模式提出之初，一些学者为翻转的理念而激动欣喜，认为传统课堂的种种问题在翻转的课堂中将迎刃而解。但随着教学工作实践的开展，教师们对翻转课堂的应用普遍有这样的观点，即开展起来比传统课堂要复杂得多，与传统课堂教学相比教师增加了很多负担，翻转课堂更适合于特定的课程内容和特定的对象等。

对于在校生而言，如果教师是优秀的，那么他们更喜欢教师在课堂上讲解，而在在线学习平台中开展测试、讨论等活动，如果课堂上没有听懂，还能有针对性地选择相关视频观看。或者，只要教师的专业水平和教学设计足够好——熟悉课程内容且教学过程及案例均有较好的设计，那么在课堂上采取传统的"先讲授新知识，再练习巩固"的方式，其效果可能并不比翻转课堂差，尤其是对于那些学习主动性强的学生。当然这一点还需要根据大量的教学实验结果进行分析。

然而在现实中，如果学生明显感觉课程学习得不满意，那么采用线下学习配合翻转课堂就是一种自然的选择。但是，学生仅仅在慕课平台上学习课程，其学习成效未必能超过普通教师传统课堂的效果，传统课堂的仪式感让学生首先都会"身临课堂"，教师教学水平高，学生才能"身心均入课堂"。相比较而言，对于慕课的线上学习，如何让学生定期打开慕课课程的网站，即"身临课堂"，已经非常不易；进一步地，如果没有实体课堂中的环境影响，全凭学生个人的主观自觉完成视频观看、测试等一系列任务，即实现"心在课堂"，更加不易。

综上所述，可以将翻转课堂的观点总结如下：

第一，无论对于学生还是教师而言，面对面的课堂都非常重要。统一时间的课堂教学具有高效率和较强的纪律性，所以课堂仍然是目前学习者的重要学习场所。课堂可以是理论课，也可以是实训场所。对于许多学生而言，尤其是未成年的学生而言，课堂是正式学习的活动，是不可缺席的，学生需要通过课堂与同学建立联系；对教师而言，课堂是体现教师威信的场所——演讲的讲课形式给学生以威严的感觉，教师对内容的专业可以树立学术威信；课堂是建立师生感情的场所——师生的目光和语言交流促进师生的感情联系，如建立学生对教师的真实印象、拉近师生的距离、让学生在学习课程中感受到教师的期望和要求，而这些都是促进学生成效提升的重要因素。

第二，对于具有超高语言艺术和专业水平的教师而言，是否采用翻转课堂的方式对他们的课堂教学效果影响较小。但是，对于大多数应用型高校的教师和学生而言，通过采用翻转课堂来改革教学带来的影响却是巨大的，这些学校的老师和学生人数占据了整个高等教育的大多数。

第三，对于许多学习者而言，如果教师是优秀的，那么以传统的教师讲解为主的课堂同样受欢迎。对于具有良好的自学能力和自我控制能力的学生而言，是否采用翻转课堂等教学方式对他们的学习成效影响相对较小。

（二）翻转课堂的成功要素

翻转课堂的成功开展需要教师不仅对教学内容非常熟悉——不怕学生提问，还需要较好的课堂组织能力——组织学生跟着自己设计的路线走。然而，对于一名新教师或者初次担任课程教学的教师而言，普遍面临课堂组织能力不足的问题，在课堂上更多关注的是如何将课程内容讲解清楚，成功开展翻转课堂有一定难度。因此，需要学校组织对教师进行翻转课堂教学设计的培训，培训本身可以采用翻转的形式进行，要求教师学习翻转课堂的相关资料，如北京师范大学汪琼老师的"翻转课堂"慕课。学校可以组织翻转课堂的示范课，以微格训练等方式进行实际训练、组织教师开展研讨等。翻转课堂的成功开展还需要学生理解活动开展的背景和意义。此外，还需要教室中软硬件的支持，班级的编排等方面也需要相应的调整，最后学校还应有相应的政策支持。

目前，绝大多数学生从学前教育到大学教育，都是在人数较多的班级中进行的，加上教师普遍采用讲授式，要求学生课堂上安静听讲遵守纪律，这样当学生进入大学时，已经形成了课堂上"安静听讲"的习惯，这可能是影响翻转课堂效果的重要因素之一。所以在进行课堂活动设计时，如"学生提问"等活动可以设计为通过学习平台、弹幕等方式提问，而不是让学生在"众目睽睽"之下站起来提问。

翻转课堂不需要也很难在所有课程中进行。翻转课堂需要学生在"翻转"之前就了解所学的相关内容，学习方式可以是学生个人独立学习或者小组合作进行学习；可以是阅读书本，也可以是观看学习平台中的视频等资料。书本、视频等学习资料的内容和形式应能吸引学生，这样才能让学生较好地完成课前学习的任务。然而，即使一个学期仅一门课程采用基于慕课的混合教学改革，即要求学生每周提前学习课程的学习资料，学生也依然觉得压力较大。可以想象，如果每一门课都按照这样的方式进行学习，对学生而言，要完成自学任务具有较大的挑战。因此，在实际应用中，更为可行的方式是，在课程中选择部分章节进行翻转，让学生课前学习这些内容，在课堂上开展翻转课堂的活动，翻转课堂的内容应该是课程的重点或难点内容。

（三）翻转课堂的教学设计

为了有效实施翻转课堂，首先需要进一步厘清"翻转课堂"中教与学是如何发生的，基于翻转课堂活动设计、课前的任务设计，以及教师与学生的角色设计等不同的维度，研究怎样设计才能更好地避免翻转课堂的劣势和发挥翻转课堂的优势，对于利用哪些策略能够帮助翻转课堂更好的实施等一系列问题进行深入的探究和思考。

在传统课堂中，教学设计是教师在课堂开始前对教学内容、学习对象进行全面设计的活动。第一步是"前期分析"，根据学生的学习基础和学习特征确定本讲的教学内容；第二步是"教学目标设计"，清晰地描述本次课完成后要达到的教学目标，包括知识、技能和态度（或情感）三个方面，当然有时某一次课可能只涉及其中一个或两个方面；第三步是教学策略设计，包括本次课的教学内容按什么顺序讲解、教学活动的程序、组织形式（班级授课还是小组学习等）、教学方法（讲授法还是讨论法等）、教学媒体（板书还是多媒体等）；第四步是教学评价，包括课堂中对学生活动的评价方法（主观判断或设计试卷等进行评价等）。

参考传统课堂的教学设计步骤，可以将翻转课堂活动分为课前、课中和课后三个环节，由于"课后"也是下一次课的"课前"（最后一次课除外），因此我们将课后的"总结上次课堂"活动纳入"课前"中。我们假设线上学习的资源在某次课前已经完成，因此不包括线上资源的制作等工作。开展课中活动前，教师根据课前的准备制作教学课件供翻转课堂使用，该课件根据翻转活动的安排进行内容组织。

翻转课堂开始前（课前），教师首先需要总结上次课堂，包括整理课堂活动的记分、总结存在的不足等，设计近期的线上学习活动（线上学习活动可能在开课前已经全部设计好了，但实际教学中可能需要进行调整）；其次是熟悉教学内容、在线指导学生（在线学习或非在线学习）并收集学生学习的情况；再次是根据教学进度中本次课的目标和学生的学习情况，确定教学目标，并设计具体的翻转课堂活动（包括活动类型是小组活动还是个人活动、具体活动类型、采用什么媒体、如何评价每种活动中学生的表现等）。学生则根据教师的要求开展在线学习或者其他非在线的学习形式。

翻转课堂开始后（课中），教师和学生共处翻转课堂，通过面向个人或面向小组的活动达到课程教学目标。

1. 课前教学设计

对于 MOOC 的混合学习，学生在完成线上学习后，教师在课堂上不再应采用传统的、以教师为主体的教学方式，而是在课堂教学中开展全部翻转课堂教学活动。教师的准备工作是收集学生的有关学习数据，并基于这些数据进行翻转课堂的设计。如果需要了解学生线上活动的完成情况，可通过学习平台中的视频观看情况、作业提交率、测验完成率等获得相关数据。对于学生知识点掌握的情况，可通过测试中哪些题目的错误率高、讨论区中学生关注的问题等来了解。

学生学习情况的数据直接决定了翻转课堂上适合开展的活动。例如，如果大多数学生没有及时完成学习任务，则翻转课堂上就不能开展在线测试等活动。确定开展的活动后，还需要思考开展活动需要哪些环境的支持，需要学生提前做哪些准备。

学生的准备工作包括：在翻转课堂开展前需要完成哪些任务；通常需要完成视频的观看、参考资料的阅读；是否要将有关材料、计算机、手机等带到课堂。这些教师都应提前明确地告知学生。

2. 实践课教学设计

鉴于许多课程具有实践操作内容，因此线下学习环节中除了理论课，还有实验课等实践训练环节。在混合学习环境下，实践训练内容可以发布在学习平台，具体实验操作和训练在实验室中进行。部分实验实训也可以通过在线虚拟仿真软件在线上完成。

如果慕课视频内容中已经包括了实验操作的讲解，则在实验课上的活动为：学生自行操作练习；针对实践内容的小测试，教师辅导学生实践；教师根据学生实践情况进行表扬和针对性指导。如果慕课视频中未涉及实验操作，则教师需要对实验中的重难点、注意事项等进行讲解，学生按照实验内容进行操作练习。

根据课程实际情况，在学习平台中可以仅仅将实训项目发布出来，实验的活动及评价在线下完成，但这样课程的成绩就分散在多个环节中，不利于成绩的汇总和学生的评价。因此，建议采取的方式是将实验训练设置为作业，要求学生将实验作品以文件形式提交，再进行评分。此外，还可以将综合的设计型实验设置为竞赛，评分后对每次竞赛的优秀学生予以奖励，以赛促学。在实体的实验室课上也可以安排耗时短的小测试，反馈学生的学习进展等。配合虚拟仿真实验平台等软件，还可在线完成实验，并能自动评分。

（四）翻转课堂的活动实施

即使教学视频等学习资源质量很好，教师在课堂上仍然需要讲解，如讲解重难点、讲解出错多的习题和测试等。只是讲解在课堂中所占的比例较低，如不超过一半的课堂时间。将翻转课堂中的教学活动分为面向小组和面向个人等8个类型，可以更好地便于教师实施，每种活动的开展均应设置相应的策略和内容。包括在线学习统计及反馈、提问与答疑、重点讲解、课堂测验、作品展示、小组作业、小组讨论、同伴互评等。需要注意的是，每次翻转课堂只需要根据需要选择部分小组活动和个人活动，无须也难以开展全部的活动。翻转课堂的活动实施见表6-4所示。

表6-4 翻转课堂的活动实施

活动类型	活动形式	活动内容及实施策略
面向学生个人的活动	在线学习情况反馈	教师反馈学习平台中学生讨论、观看视频、作业、测验、学习排名等情况
	提问与答疑	策略1：学生提出问题，教师给出正确性的评价，学生与学生之间进行抢答，提问者及正确回答者均计入个人的成绩中 策略2：教师提问学生并对学生进行评价，成绩计入个人分数以及所在小组得分
	重点讲解	讲解难点、重点，比如学生讨论较多、答题错误较多的内容 策略1：将学生的讲解或者演示的表现计分，并将这些分数计入小组和个人的成绩 策略2：由教师演示或者教师讲解
	课堂测验	当堂评出针对重难点的10道题左右的问题的成绩 策略1：纸质测试、同伴互评 策略2：在线测试、自动评分

续表

活动类型	活动形式	活动内容及实施策略
面向学生个人的活动	作品展示	策略1：展示课前完成的作品，学生在学习平台中相互评价，得分计入成绩 策略2：展示当堂完成的小组或个人作业，师生共同评价
面向学习小组的活动	小组作业	将学生分成小组，以小组为单位，在规定时间内完成任务，当堂进行评讲。得分计入小组成绩 策略1：教师公布评价标准并进行评分 策略2：基于软件的同伴互评
	小组讨论	由教师进行评价，学生得分计入小组成绩。教师课前布置讨论任务，学生分组进行辩论或讨论
	同伴互评	教师给出评分标准，得分计入个人成绩，学生之间互相评阅作业 策略1：手工互评 策略2：基于软件的互评

从传播学的角度看，传统课堂像是以教师为主的信息传播活动，学生大部分时间为接受者，只在很短时间内会在提问等活动中变为传播者向教师传播"掌握得如何"的信息。而翻转课堂更像是以学生为主的信息传播活动，通过测试、讨论、小组作业等活动向教师传播"掌握得如何"的信息。

第二节 远程教育视野下的混合式教学模式

一、远程信息传递的具体技术分析

远程信息传递技术是实现高效教学目标的重要手段。现代信息传播技术的发展，既重构了现代网络教学的内容，也重构了现代网络教学体系。与此同时，该技术通过优化教育与教学流程，使得混合式远程教育模式可以取得更加理想的教学效果。

（一）打印材料技术

书写材料的发明，更好地保护并延续了人类文化。虽然相对于口语传播来说，书面媒介似乎更为抽象，但始终是人类日常生活和交际中不可或缺的重要环节。印刷品的出现与应用，促使教学方法发生了很大的变化。学生可以不受时间和空间的限制使用书面材料。在这种潜移默化的互动中，学生逐步形成了稳定的经验与知识体系，从而实现了自身的全面发展。

虽然远程教学使用了多种技术和媒介形式，但是这并不意味着要摒弃纸质材料。目前，函授教育还在继续使用纸质教材。随着新技术的崛起与新媒介的涌现，纸质材料并未消失。由于印刷资料具备便于携带、便于保存的特性，并且可以供学习者即时学习和复习使用，因此成为远距离资讯传播的主要工具。

（二）音频会议技术

音频会议系统是较为独特的声音系统，主要由会议讨论、会议同步翻译、会议投票三个部分组成。从技术上讲，音频会议系统可以划分为类比、数码、智能化、可视化等类型。

在远距离传输方面，音频会议技术可以为学生进行远程混合学习提供支撑。借助音频传输方式，分散在各地的参会人员可以同时聆听会议现场情况，从而产生置身于大型虚拟会场的感觉。

（三）图像传递技术

图像传递技术通常涉及图像的数字化处理、传送和储存。有效地识别、变换、压缩图像信号是图像传递技术的基本方法。影像数位技术是将真实的影像讯号转变成电脑能够辨识的数字，便于远距离传送、长久储存和智能运算。图像编码技术能够在保证图像质量不受影响的前提下，有效地降低数据传输速率，减少信道带宽对数据媒体容量的占用。因此，图像传递技术是一项非常有意义的研究课题。常用的图像编码技术包括MPEG、JPEG、小波变换等。此处提及的图像传递技术实际上是指图像信息的传送技术。依托数字变换和压缩技术，借助电视网、互联网等，将图像信息传送到用户终端。

在远距离通信过程中，图像传递技术为电视会议和广播电视教学等各种媒介技术的发展提供了有力的支撑。学生可以通过观看视频图像提高学习效率。与此同时，视频图像的直观性和生动性，可以为教师和学生的情感交流提供便利，因而能够很好地弥补远程教学在情绪支持上存在的缺陷。

（四）实时协作在线工具技术

实时协作（Real Time Communications，简称 RTC）是以网络会议、网络语音、网络状态等多种通信方式为基础的新型网络通信方式，是辅助用户利用电脑进行信息交流的新型通信方式。即时通信技术是指利用互联网的 IP 协议，进行文字资讯的实时传送，同时利用联机状况获得支援，学生可以借助联机状况支援，判断一个或更多装置是否处于联机状态。这些能力使信息的获取、整合交流与合作更加便捷，从而有效地提升了整体的生产力水平。通过即时合作，学生能够更快、更有效地交流想法和信息，从而提升群体的工作效能。目前已有微软、Oracle、IBM、谷歌、Tencent 等公司推出了即时协同开发平台。

此前，电话被视为应用广泛的即时合作工具。如今，虚拟会议及即时消息等实时协作技术已经与电话一起，成为人们日常工作和学习、生活的重要组成部分。对于学生来说，即时合作属于必不可少的技能。在教学应用中，设计出能够实现实时同步交流、互动的协作工具，可以支持文字聊天环境，形成完整的虚拟教室，有利于教师根据学生的兴趣爱好组织合作教学。除文字对话外，该课堂还具有协作学习、小组页面浏览、问答集锦、退出离场等多种功能。学生既可以采用课堂学习方式，也可以采用公开课学习方式，通过"举手"提出问题，由教师答疑解惑，享受充分参与课堂教学活动的权利。师生的谈话内容可以由系统记录归档。

（五）非实时协作在线工具技术

电子邮件、信息栏、文本信息等都是非实时协作在线工具技术的应用形式。电子邮件主要以互联网为基础，以传递信息为目的，实现文字、图表和文件的实时传送。由于信息技术的日趋普及，学生与教师可以拥有更多接触互联网的途径。例如，拨号上网、局域网、有线电视等，都可以成为联网的有效方式。在时间与速度方面，电子邮件属于非同步的交互方式，但速度却比传统的邮递方式快得多。一条消息可能会在几秒甚至数分钟内传到另一个人的邮箱中。在论坛上，教师可以鼓励学生围绕主题发表见解、畅所欲言。与此同时，学生还可以在网络上发布、分享各种信息、学习资源，或者在网络上寻求帮助。手机短信可以实现人与人之间的直接联系和沟通，由于具备方便、可移动的特点，受到学生与教师的青睐，因而成为新型的师生之间沟通和交流的方式。

二、远程混合教学的课堂模式构建

目前,基于网络教育的特征和实际运用情况,已经形成多种类型的网络教育混合学习模式,"学导结合"与"3个1/3+1"是网络教育最具代表性的远程混合教学课堂模式,对于课堂教学模式的创新具有重要的指导和借鉴价值,可以从理论与现实层面影响网络教育的发展。

(一)"学导结合"模式

第一,在课堂上,学生的自学能力逐渐发展成为新的教育模式的构建基础。由于成年人是远程教育面向的主要群体,在教学上采取的自学方式,不仅能够反映出以学生为主体的思想,而且可以有效调节学生与学生的关系。在开放教育中,自主学习的内容主要包含学习者自治、E-learning和协同学习三个方面。为此,应该为学习者创造有效的虚拟学习环境,以及面对面学习的支持服务。针对复合型教学要求,运用多种媒介技术,结合教学业务实际,为学生创造更加理想的学习环境。

第二,强调一对一的心理咨询。在开放教育中,面授教学属于十分关键的教学手段,也是师生沟通的主要途径。在课堂教学中,促进师生之间的情感互动是课堂教学的主要目的。在开展教学活动的过程中,教师要依据教学内容的难易程度,以及学生自身的学习状况决定授课内容,而不再局限于授课时间的长短。在公开课中,面授教学更有利于将信息化技术与教学内容有机结合起来,为面授教学提供支持。

第三,以互联网为基础进行教与学。远程教学在很大程度上依赖于网络的教与学。依托聊天室、论坛、电子邮件、文件传输等网络交互功能,教师与学生可以在线上进行实时与非实时互动,并自主开展难点答疑、问题探究与咨询、情感交流等教学活动。

(二)"3个1/3+1"模式

针对西部地区学生学习基础薄弱、家庭存在经济困难等问题,四川电大在开展远程教育的试点工作过程中,建立了"3个1/3+1"的融合式教学模型,即学生聆听全国开放大学和省级高校授课教师的视听课程和网上课程的学时占到计划学时的1/3;集中实时指导占据整个课程的1/3;由教师指导学生自主学习,占学生全部学习时间的1/3。除此之外,学生还必须在不低于总学时数的时长内,借助独立学习模式或学习小组完成平时教师布置的作业,并依靠与之相关的实践教学环节有效提升技术水平，强化课程学习的预习和回顾力度。所以，"3个1/3+1"是指学习的时长，"3个1/3"是指实践课、视听课和网络课所占的学习时常，"+1"是指学生在教师的引导下开展各种自学活动，需要完成的学习时长。

"3个1/3+1"的复合型教育模式在具体操作上包括如下四个环节：

第一个环节是选择课程。新学期开始时，学生通常会在教师的帮助下，自主选择所学的课程。

第二个环节是引导学习。教师介绍学生所选课程在学科中的位置，以及课程的结构、内容和学习方式，从而实现教师导学的目标。

第三个环节是辅导学习。以通过学生自学或通过学习小组进行自主学习为主要方式，辅导教师要以课程内容为依据，整合各种媒体资源，灵活安排集中辅导、答疑、课堂讨论、作业评讲等，与此同时，通过论坛、电子邮件等方式，为学生提供教学辅导与问题解答服务。为了促使学生充分利用互联网上的音像资源，在这段时期，教师通常会安排三次左右的网络课，集中检查学生的学习情况，在答疑解惑的同时，设计有针对性的音像课件，督促学生自学。在教学实践中，指导教师首先根据学生的学习进程合理安排在线学习资源，鼓励学生自主学习。学校是主要的教学场所，网络平台可以作为辅助的教学场所。

第四个环节是集中授课。在期末考试前，教师根据教材内容，引导学生对所学内容进行回顾，促使学生全面了解并掌握基础知识。教师的面授指导时间需要根据学生所选专业课程的特点，参考学分确定，通常需要将课时控制在总学时的1/3之内。

无论身处何种学习环境，学生都必须如实填写《网上学习记录表》，整理学习笔记，为教师及时监督学生的自学状况提供依据。至于教材附带的录像资料，可以在课堂教学的规定时间内集中播放。对于辅导教师认定为学生通过自学很难掌握的录像资料，通常由辅导教师在关键时刻提醒，并总结、概括录像资料的内容。此外，为了满足部分学生重复学习的需求，辅导教师可以提供录像资料的借阅服务。

三、远程教育中运用混合学习的策略

在将混合学习策略运用于远程教育的过程中，应当考虑以下三个方面的内容：

第一，有效混合多种教学模式。教学模式是相对稳定的、系统化的、以教育理念为指引的、以教学为中心的教育过程。教学模式的基本要素包括指导思想、目标、主题、教学策略、教学程序、教学内容、教学评价等。然而，在具体的运用过程中，不同教学模式的侧重点存在明显的差异。在远程教育中，对比不同教学模式的特征，有利于结合面对面教学模式的优点，将教师与学生之间的交流、实践经验的建立、教师的主导作用，以及教学跟踪与教学评价等作为教学模式混合设计的主要内容。

第二，综合运用多种教学手段。教学媒体属于存储和传输教学信息的载体。综合比较各种教学模式可以发现，远程教学模式下的教学媒体具有显著的优点，但是也表现出了一些缺点，比如，缺少教师与学生直接沟通的途径，在教学内容的表达方面不够完善，学生无法获得真正有价值的实践经验等，这些都是在教学媒体混合设计时需要解决的问题。此外，还有部分人为原因也对远程教育模式下，教学媒体以及教学内容的表达质量产生了一定的影响。比如，教学媒体的选取无法适应教学内容的专业性，教学媒体的开发质量不高，教学媒体缺少持续维护等，这些问题应该引起足够的重视与关注。

第三，融合了多种教育情境。教育环境是远程教育中与教育过程密切联系产生的自然现象，其中包括师资水平、道德品格、校风学风、师生关系以及教学设备、图书资料、教学场所等软硬件环境。远程教学具有名师主讲、容易扩大教学规模并丰富网上教学信息等显著优点，然而，在远程教学中，学生长时间地沉浸在虚拟课堂中，使得教师与学生之间的互动频次降低，从而导致学生缺少到学校学习气氛的熏陶。此外，网络信息鱼龙混杂，容易对学生的健康发展造成不利影响。因此，以上三个方面都是在复合式教学环境设计时必须重点关注的要素。

第三节 线上线下混合的课堂教学模式与评价

一、线上线下混合的课堂教学模式理念

线上线下混合式教学是以行为主义和建构主义学习理论等为指导，借助现代教育技术、互联网技术和信息技术等多种技术手段对教学资源进行优化

组织、整合、呈现和运用，将传统面对面的课堂教学、实践实操教学与网络在线教学进行深度融合，以寻求两者优势互补，从而实现最佳教学效率和效果的一种教学模式。线上线下混合式教学主要包含在线教学、直播录播、教学互动、课程点播、教学管理等多项功能，快速搭建在线教育平台，迅速开展网络教学，满足教师对在线教育平台的需求。

学生是教学工作的主体，教学活动应以学生为中心开展，学生自然也成为混合式教学的主要参与者。教学需要从各个方面为学生提供支持，充分调动学生参与混合式教学改革，进行混合式学习的主动性和积极性。网络教学与离线教学的结合，既能体现学生的主体地位，又能发挥教师的主导作用，是高校教学改革的新方向。

二、线上线下混合的课堂教学模式评价

混合教学下的课程考试方式要突破以往"教室+试卷"的单一状况，考试内容要改变过去偏重对书本知识的机械记忆和理解，以及对学生的技能操作和实践能力的内容考查较少的情况。根据在线学习与线下表现，建立多层次、多元化、动态、开放性的考试及其评价体系，结合多种形式，注重过程考核，以及对学生能力进行全面而科学的检验。

在线上线下混合式教学的整个教学活动组织过程中要将评价贯穿课前、课中的整个学习过程，教师引导学生反思自己的学习，及时调整自己的学习态度和方法等，帮助学生养成反思和总结的习惯。教师则依据课前、课中的评价结果对教学过程进行反思和总结，及时完善后续的教学设计。

因此，目前已经完全实现了多元化的评价，主要有主体、内容以及评估方式的多元化，见表6-5。

表6-5　线上线下混合式教学学生评价

阶段		评价内容	评价主体	评价方式
日常	课前	学生的自学能力、学习态度以及本节课程知识点的掌握	学生、教师、家长	客观题系统自评；主观题教师评或学生互评
	课中	学生的协作交流能力、口头表达能力、提出问题解决问题的能力、人际交往能力、自主探究能力等	本人、同伴、教师	评价量表；自评；组内互评；组间互评；教师评价
期中、期末		整体的、综合的评价	本人、同伴、教师	成果展示汇报、结业测评（考试）等

第四节 "互联网+"混合式教学模式的应用

为了有效地解决教学双方的时空难以分离的矛盾焦点,提升线上教学平台的使用效率与效果,丰富在线教育课程资源建设的数量,提高在线教育课程资源建设的质量,强化教育教学的过程质量,督促教、管、学三方行为的有效发生,切实保证教育教学质量,培养符合地方经济社会发展的有用人才。以中开课程和省开课程的考核改革为突破口,以"末端改革"倒逼"过程控制"的质量管理思想,本着边实践、边总结、边提升的工作思路与方法,先后通过课程学习与考核改革,实时导学组织与实施,非实时导学策略运用,线上与线下混合教学模式的实践,在线教学平台改造,网上学、教、管、评信息公开,引入网上教学观察员制度、评选我心目中的"好老师"等措施,丰富了在线教学平台的网上教学活动,营造良好的网上教学文化氛围,初步形成独具特色的网上教学活动的线上与线下相融合的混合教学模式。

一、建设网上"教管学"的长效机制

网上教学及管理工作既是一种常态,又是一种创新,其运行质量在很大程度上依赖于教学长效机制是否建立和健全。长效机制的构建源自清晰的教学及其管理战略构架和其在不同年度(学期)策略的实施。

(一)教学理念

网上教学是各个院校教学的重要组成部分,也是教师教学工作的重要内容。基于教学平台的网上教学应该是学生、教师、各级教学管理者之间的有效切合。通过共同构建知识、共同营造、优化网上教学环境,实现内容呈现、媒体载入、互动有效、管理促进等要素互动。

(二)战略思考

第一,实现网上教学战略的组织点。作为统筹全校教学工作的教务处,对影响和决定教学质量和教学实施效果的因素(包括教学环境、组织形式、具体实现条件和学科特点)进行深入分析,提出网上教学与管理的总体思路、战略构架和战术策略,让全体从事教学及管理的各级各类人员在思想和认识

上有一个清晰的定位。

第二，实现网上教学战略的切入点。从教学过程相关环节入手，先易后难，寻找突破领域，从数量到质量、从自由散漫到规范运作，逐步净化教学环境，实现提高教学质量的目标。基础工作是狠抓常规教学，重点开展各类资源建设与运用，推出教学创新项目作引领，在学与教信息公开的互联网环境中，对教学创优争先进行奖励，构建提高教学质量的长效机制。

第三，实现网上教学战略的突破。学生和办学单位在办学和学习过程中，其关注兴奋点是如何进行考试。经过多年的改革，通过寻找省校、办学单位、学生的兴奋点，将学习行为由关注和重视终端向关注和重视过程转变。

在设计上，本着由终端改革倒逼前端和中端的改革思路，选择省开课程试点，从科学选择考试形式和手段、促进网上学习行为发生、参考学生学习表现等环节入手，将课程成绩分解至相关环节，进而营造适合网络教学的环境。通过课程考核改革，倒逼学生网上学习行为的发生，再通过网上学习行为的发生倒逼网上资源建设的力度、网上导学的组织及其他学习支持服务的落实。

（三）战术选择

在符合战略考虑的前提下，不同年度或学期所采用的教学战术策略及重心相对不同。对于资源丰富、师资力量相对较强的课程实行在线学习评价、在线考试评价、操行评价等复合考评；对于资源相对丰富或师资力量相对不强的课程采取将期末纸质考试变革为网络在线考试的方式进行。

（四）长效机制

教务处应认真研究学生、教师、各级教学管理部门与在线教学平台之间的有效切合，不断固化、强化、活化、深化网上教学活动，跟踪、监控、公开、分析网上教学行为，通过引领、复制、推广、奖励网上教学创新成果等制度，建立网上教学活动长效机制，提升网上教学的质量与效果，推进网上教学向纵深发展。

二、活化网上实时与非实时交互教学

基于网上导学的实时和非实时两个视角，从回帖、教学策略、整理公布、核心团队建设、落实、监控等方面对实时导学的过程进行分解和细化，在落实中保证质量。从构建校部、办学单位、学生之间的联动机制，延伸讨论的广度与深度、丰富和创新在线讨论的形式、应用教学策略等措施规范非实时导学的相关环节，提高参与率，在创新中提高质量。

（一）分解、细化非实时导学的工作阶段

网上非实时导学过程管理的绩效主要是从教学策略、回帖、整理公布、核心团队建设、政策落实和监控等方面进行评价。

第一，从教学策略的方面来实施对学习者的导学过程，网上教学的有效性应当以灵活恰当的策略、合理的实施程序和灵活科学为保证。一方面是应用一定的教学策略来鼓励学生发帖，引起学生讨论的兴趣。例如，通过致学习者的一封信来营造开课氛围；每月按课程教学进度在"课程讨论区"内提出结合课程教学内容的重点、难点问题或综合案例的讨论题；还可通过提前将课程讨论主题和安排置顶，或设置成精华帖的方式来引导学生关注和交流。另一方面是积极探索网上的教学交互形式、教学内容与教学策略的最佳匹配，从而找到每一个具体教学目标的最优交互途径和形式，以及保证每一次的网上交互有效的管理与组织。

第二，从回帖方面来实施对学习者的导学过程。教师回复学生帖子的回复质量和回复时间，会对学生接受网络的程度，以及学生的心理都会产生巨大的影响。一般意义上，网络环境中，师生交互的成功与否，很大程度上取决于教师是否及时回复了学生的帖子。可以说，如果教师积极及时的处理和回复了学生的帖子，会使学生逐渐养成网络学习的好习惯，并且养成乐于和老师进行交流的习惯，从而培养了论坛的人气氛围，形成了师生交互的一个良性的循环。

第三，从整理公布方面来实施对学习者的导学过程。责任教师每月定期整理课程论坛或建立课程学习问题库文本，予以公布且便于学生查找。

第四，从组建核心团队方面来实施对学习者的导学过程。在网络课堂教育教学过程中，教师不一定是讨论活动的唯一引导者和组织者。在学生自主学习的前提条件下，参与者的回帖量和讨论过程的发展态势是密不可分的。对于课程学习者人数较多，学生提问比较多的课程，有针对性地组建课程答疑团队（教师团队和学生团队），鼓励学员之间的交流和互动，活跃学员（核心学员）的参与（引导和激励）。探索建立学生答疑团队，充分发挥活跃学员或核心学生的参与度，构建学习共同体。采取有效措施倡导、引导、鼓励学生之间的交流，促进他们相互解答问题。一是教师将一些简单且易于回复

的问题留待学生去回答，教师则回复难度较高的问题；二是组建核心学生团队，开展"生生"交流与互动，形成一种无形的但学生看得见的答疑团队，在教学过程中逐步形成学生间的学习共同体。

第五，从政策落实方面来实施对学习者的导学过程。教师寻找学生的兴趣点、兴奋点及热点话题，利用课程论坛空间主动引导和开展网上学与教互动活动。部分课程教师利用此空间上传学生喜闻乐见的各种辅助性学习材料、课程形成性考核和评析、各种社会考试的评析材料，借助论坛开展学习交流的方法等主题帖，为学生提供支持服务。

第六，从监控方面来实施对学习者的导学过程。一是教务处定期对课程论坛的运行情况进行监控，主要包括以下指标：论坛名称、帖子总数、主题帖数、回复帖数、精华帖数、置顶帖数、发帖用户数、一周新帖数、回复率、人均发帖数、新帖率；二是系统自动提供回复为零的帖子清单，供教学管理部门的专业课程教师参考。

（二）规范并且落实网上实时导学的环节

规范并且落实网上实时导学的环节需从以下方面着手，如图6-3所示。

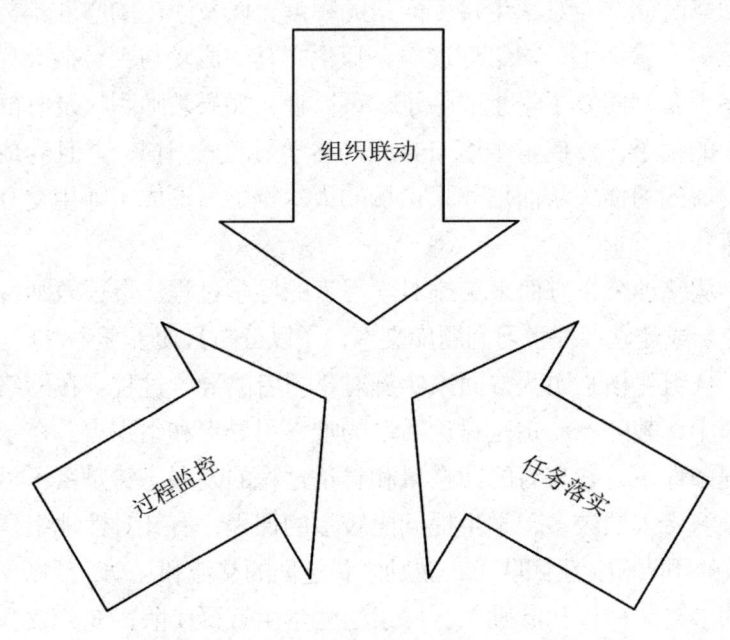

图6-3 规范并且落实网上实时导学的环节

1. 组织联动

为了确保网上实时教学活动的有效实施，在教务处的统筹下，正确处理教务处、教学部、办学单位、学生四个方面的关系，从组织上形成教学管理团队，从管理上形成科学的联动机制，为后续建设网上教学管理联动团队奠定基础。

（1）教务处——统筹规划、运行监控。一是规划学期对话讨论的总场次和审核讨论主题，平衡讨论课程的专业分布、课程类型分布及时间分布。二是协调将讨论安排在网上发布，并印发文件。三是指导和协助办学单位选择讨论场次，督促办学单位组织学生参加讨论。四是对讨论的运行情况进行监控，定期公布。在讨论总场次规划上规定：以教学部为单位，每学期每位教师讨论场次至少 10 场次；核心课程、公共基础、课改课程的实时对话讨论场次原则上不低于 2 场次；其他课程不低于 1 场次。预计总场次 300 场次。在讨论类型上，各教学部必须实施不低于 3 场次的网上双向视频讨论。

（2）教学部——设计主题、教师参加。一是提出讨论具体安排；二是教师积极准备讨论材料；三是参加讨论并解答学生问题；四是总结讨论，形成资源并及时发布到网上；五是评估讨论质量，提出改进方案。

（3）办学单位——组织学生、选择参加。一是选择参加的场次报教务处（学支中心）备案；二是按选定场次组织学生参加讨论；三是将网上讨论的情况作为学生形成性考核成绩的重要组成部分和办学单位网上教学管理与组织的重要内容；四是提出改进建议，作为评选优秀教学组织的条件之一。

（4）学生——积极参加、完成学业。通过要求学生参加教学互动，促进学生主动学习、互助学习和利用网络学习与交流的能力，力图借此培养学生团队学习的能力。

2. 任务落实

每学期第二周内以教学部为单位完成网上实时导学的安排，并提交教务处，教务处将审查合格的安排全部发布到网上，提前五天时间滚动显现，方便学生从主页直通。同时，以学校名义将实时导学安排印发成文件。办学单位根据实时导学安排，结合专业和课程选定参加场次并报教务处备案，组织一定数量的学生按时参加讨论。

3. 过程监控

过程监控主要是从事前、事中、事后三个环节对网上实时导学进行过程性监控。

（1）事前的导学安排监控。教务处对导学课程在专业中的分布，导学主题是否与课程和实际相结合，导学时间在学期内的月度分布、周度分布及时间段分布等进行审查。

（2）事中的导学实施现场监控。教务处指定专人或聘请观察员随机进入导学现场，跟踪导学实施情况。

（3）事后的导学统计监控。分为平台自动统计和人工统计两个途径。

自动统计：一是平台将实时导学按开始时间和结束时间自动统计，并生成导学交流记录；二是平台对教师组织实时导学的总体情况进行人工统计。

人工统计主要是统计三项指标：一是按课程对实时导学的执行情况进行跟踪，主要指标包括课程名称、学生数、导学主题、总帖数、主题帖数、回复帖数、教师首帖时间、教师末帖时间、是否紧扣计划等；二是将全部课程相关指标进行对比，分析讨论运行情况，主要指标包括课程名称、活动次数、学生参与数、教师发帖数、教师回帖数、学生发帖数、学生回帖数、师生出帖数等；三是对课程实时导学运行指标进行排行，包括参加学生人数排行、师生总帖数排行、教师发回帖排行、学生发回帖排行等。

三、独创互联网的"1+6"课程教学

为了有效地提升学生使用现代远程教育技术手段进行远程学习的能力，解决学生学习的时空矛盾，提出基于线上线下相融合的课堂教学与考核的"1+6"模型，在"互联网+"教育背景下构建"以学生为中心"的课程教学"1+6"模型，"1"代表"学生为中心"的内核，"6"代表"教育观念""教学模式""教学设计""教师工作""信息挖掘""管理监控"的外延。其逻辑关系为：通过技术手段进行师生教学数据挖掘，通过管理监控手段促进教师围绕教学模式开展教学设计和教师工作，继而达到"以学生为中心"的"时时可学、处处能学、人人皆学"教育观念，切实达到教育教学的培养目标。

在"1+6"课程教学模型之中，外延的重心在于"教学模式"，在大量的教学实践中，构建"线上与线下相融合的课程教学模式"，线上教学即为"网络学习+自选资源+互动答疑+作业测评"，线下教学即为"自主学习+面授教学+小组学习+实践教学"，其逻辑关系为：线上学习是线下学习的基础，线下学习是线上学习的拓展，线上与线下相互关系，互为促进，通过面授课堂、网络课堂、实践课堂、网络考核等教学手段的互为补充，通过"教学管、测、

评一体化",切实保证教育教学质量,全面锻造符合地方经济和社会发展的有用人才。

四、跟踪和公开网上教学的相关数据

基于网上学习环境和教学的建设,可以从教师教学数据、办学单位教学数据和课程论坛的监控与分析三个方面,跟踪、监控和客观评价网上导学的成效,提升网上教学的有效性。

第一,教师教学数据。教师教学数据主要公开每位教师的在线时间、登录次数、网上资源上载数量、教师发帖与回帖、论坛回复率、网上实时导学场次等的动态数据。为进一步分析教师的网上教学详细情况,应对在线时间、上载资源数量和论坛交流等指标按月和周进行统计。

第二,办学单位教学数据。例如,通过"学生登录的时间段分析"反映学生网上学习的进度和网上学习是否均衡等数据情况,还可以通过其他数据的监测来分析学生的其他情况等。

第三,课程论坛的监控与分析。一是平台自动提供指标。由平台自动提供发帖用户数、帖子总数、主题帖数、回复帖数、最近一周发帖数、置顶帖数、精华帖数等指标;二是统计分析。可以从课程讨论的活跃度和持久性两个方面分析和评价课程讨论的质量。

五、实行网上教学第三方观察员制度

第一,实行观察员制度的原因。为加强网上教学的力度,提高其透明度,将普通高校网络教育学院践行的教学观察制度引入到网上教学过程,即聘请网上教学观察员(教师身份和学生身份),对基于在线教育平台开展的网上教学从多视角、多环节进行观察,从中发现成绩和问题,提出整改建议,为学校领导和教学管理部门提供网上学、教、管的第一手资料。设置学生观察员,这是提升学生收集能力、归纳能力、研判能力的手段,更可以借此提高专业和课程水平。设置教师观察员能够在教师之间互相学习和借鉴,提高自己的业务能力。

第二,观察领域和内容。对在线教育平台进行观察,包括在线教育平台界面的登录与停留是否顺畅,网上教学信息公告的时间是否及时,专业规则与教学计划衔接是否一致,课程平台栏目与资源更新在内容和时间上是否符

合要求，学生浏览和点击资源的数量与时间是否符合教学要求，学生在论坛发帖交流在内容和时间上是否符合要求，教师在课程论坛的回复率和回复质量是否符合要求，课程实时导学在计划、实施、总结上是否符合要求，网上学习支持在服务教学和管理上是否到位等。

第三，观察方式。观察员以网上教学观察员特别账号登录平台实施定期和不定期的观察。为了有效监控观察员，加强对观察员的跟踪，确保其有效性，后台每天跟踪观察员的工作轨迹，特别是其在网上论坛的发言情况。

六、大力推进省开课学习与考核改革

第一，大力推进省开课程考核改革，促进网络资源的建设与运用。网络技术已经渗透社会的每个领域，教育更是如此，考虑到成人、业余、开放之特点，将学习者、网络、学习评价这三个元素有机和有效结合，才会使学习更加实用和有趣。

第二，加大网上资源建设和应用的力度，实现资源与课程改革的融合。通过加大对省开课程考核改革的力度，学生利用网络平台开展学习的热情和行为较之以前有实质性的变化，但在线平台的教学资源（特别是省开课程的资源）与之并不适应。一是从省开课程入手，以考核改革课为突破口，从政策和管理着力点上引导教师把管理课程的结构从必修课适当转向省开课；二是对不同结构的课程在资源建设与运用上采用不同的策略。

结束语

  本书通过对在线开放课程、传统线下课程和混合式课程发展历史的探讨，全面分析主流教学模式在实践应用中存在的问题及挑战，紧扣智慧化、数字化教育发展的大环境，以"金课"建设为背景，结合近年来实施混合式课程改革的实际情况，以有效提升学生学习效果为主线，深入研究课程建设中的关键因素，探究提升课程质量的有效途径和新方法，探寻混合式教学模式的有效运作机制，丰富在线学习理论，提出混合式课程建设创新模式，实现从以教为主向以学为主，以课堂为主向课内外结合的转变，全面推进信息技术与课程体系重构的深度融合。

参考文献

[1] 边明伟.基于"互联网+"的混合教学实践与探索[M].成都：西南交通大学出版社，2018.

[2] 曾艳青.基于网络教学平台学习评价的实施与反思[J].中国成人教育，2021（11）：41-44.

[3] 柴红新."金课"视域下高校"多模态"课堂改革[J].宁波教育学院学报，2022，24（6）：67.

[4] 陈然，杨成.SPOC混合学习模式设计研究[J].中国远程教育（综合版），2015（5）：42-47，67.

[5] 陈太忠，皮武.课程决策：大学"金课"建设的关键环节[J].黑龙江高教研究，2021（4）：153-156.

[6] 陈艳."互联网+"背景下高校体育教学混合学习模式探索[J].大学，2021（27）：86-88.

[7] 成亚玲，谭爱平.基于慕课的混合学习教学设计探讨[J].成人教育，2018，38（7）：35-39.

[8] 邓忠波.大学课程中"水课"现象审视与"金课"建设进路[J].中国电化教育，2020（4）：68-74.

[9] 丁妍.线上线下混合式教学方法在大学体育健美操课教学中的运用研究[D].湘潭：湖南科技大学，2019：8-12.

[10] 杜世纯.混合式学习研究[M].北京：中国社会科学出版社，2018.

[11] 方启元.探究远程教育中新媒体技术优势及具体应用[J].电视技术，2020，44（1）：26-28.

[12] 韩佳伶.智慧课堂背景下混合式教学模式改革研究[M].长春：吉林大学出版社，2021.

[13] 韩素芬，王惠.线上线下混合教学模式实施的关键环节与有效方法研究[J].

无线互联科技，2020，17（7）：99-101，106.

[14] 何鸣皋，谢志昆. 混合式教学设计：基于 MOOC（慕课）的 SPOC 教学改革实践 [M]. 昆明：云南大学出版社，2018.

[15] 何昕. 地方高校"金课"标准研究 [D]. 广州：广州大学，2021：62.

[16] 黄学锦，廖丹. 线上线下混合式"金课"模式探索 [J]. 中国成人教育，2022（12）：36-39.

[17] 李群. 开放共享网络教学的构建 [J]. 实验室研究与探索，2020，39（4）：204-207.

[18] 刘斯文，程晋宽. 大学"金课"的建构逻辑：起点、过程与走向 [J]. 高校教育管理，2020，14（6）：117-124.

[19] 卢荣德. 理实交融 赋能"金课"建设 [J]. 大学物理，2020，39（8）：43-47，67.

[20] 陆珂. 基于 OBE 理念的高职院校混合式"金课"建设研究 [J]. 商业会计，2022（10）：116-119.

[21] 吕建梅. 基于 BOPPPS 模型的混合式教学改革研究 [J]. 办公自动化，2023，28（1）：30.

[22] 冉新义. 混合式学习的理论与应用研究 [M]. 厦门：厦门大学出版社，2018.

[23] 沙爱敏，仝小芳. "互联网+"背景下"四阶段"混合式教学模式建构及应用 [J]. 河北职业教育，2021，5（3）：41.

[24] 沈翔，周明华，王永楠，等. 远程教育实验教学方法探索与实践 [J]. 实验室研究与探索，2021，40（3）：221-224.

[25] 石永红. 互联网发展下的混合式教学模式探讨 [J]. 读写算，2020（14）：11.

[26] 史璇. "互联网+"环境下高职英语混合式教学模式研究 [J]. 哈尔滨职业技术学院学报，2021（4）：145-147.

[27] 宋倩，罗富贵，肖辉辉. 基于学习通+BOPPPS 模型的混合式教学设计与实践 [J]. 现代信息科技，2023，7（2）：179.

[28] 孙志伟，李小平，张琳，等. 虚拟现实技术下的学习空间扩展研究 [J]. 电化教育研究，2019（7）：76-83.

[29] 孙宗美. "金课"建设：意义、原则与路径 [J]. 高教探索，2023（1）：57.

[30] 田宇. 线上线下混合式"专业英语"教学的设计与构建 [J]. 科教导刊，2020（20）：118.

[31] 王小根，王心语，任春兰．混合式学习环境下个性化的体验式活动设计模式研究[J]．现代远距离教育，2017（5）：22-29．

[32] 王祖源，张睿，张志华．基于SPOC的大学物理混合式教学设计[M]．北京：清华大学出版社，2019．

[33] 位咪咪．面向混合学习的SPOC设计与应用研究[D]．西安：西北大学，2017：19．

[34] 杨佳佳，黄莹．基于智慧课堂的线上线下混合式教学模式研究[J]．山西青年，2022（13）：35．

[35] 杨晓宏，郑新，田春雨．线上线下混合式一流本科课程的内涵、建设目标与建设策略[J]．现代教育技术，2021，31（9）：104-111．

[36] 于春燕，郭经华．MOOC与混合教学理论及实务[M]．北京：清华大学出版社，2018．

[37] 于康存．基于SPOC的高职院校混合式教学模式的探究[J]．科技经济市场，2021（4）：122-123．

[38] 于水婧．混合式教学的影响因素研究[J]．中外企业家，2020（18）：198．

[39] 余文森，殷世东．以"三学"为导向，推进大学"金课"建设[J]．当代教育与文化，2021，13（2）：76-80．

[40] 余燕平，邹园萍．高校混合式教学课程的学习评价体系探索[J]．高教论坛，2019（11）：23．

[41] 张家军，闫君子．论智能技术赋权下学习空间的诠释与建构[J]．远程教育杂志，2021，39（4）：62-71．

[42] 张明柱．基于网络教学平台的混合式教学改革与实践研究[M]．保定：河北大学出版社，2018．

[43] 张淑红．高职院校实施混合式教学的必要性研究[J]．中国新通信，2021，23（4）：208-209．

[44] 张亚茹．基于BOPPPS的课程思政混合教学模型构建与实践[J]．高教学刊，2022，8（36）：6．

[45] 赵建华．混合学习应用的理论与方法[M]．北京：中央广播电视大学出版社，2015．

[46] 朱峰．基于产教融合的大学生创新创业"金课"建设[J]．中国成人教育，2020（1）：50-52．